Op reis met Yvonne Keuls

# Op *reis* met
# YVONNE KEULS

Met foto's van Robert Collette

Ambo|Amsterdam

ISBN 90 263 1900 2

© 2005 Yvonne Keuls

Boekverzorging Marry van Baar

Omslagfoto en foto's binnenwerk © Erven Robert Collette

Verspreiding voor België:
Veen Bosch & Keuning uitgevers n.v., Wommelgem

Voor Robert Collette,
mijn vriend en reismakker
(1941-2004)

# Inhoud

# Tweede huis

Al mijn vrienden hebben een tweede huis. Ik niet. Ik heb geen zin om van het ene lekkende dak naar het andere te pendelen. Hieruit zou u kunnen opmaken dat mijn dak lekt. Dat is zo, maar wel overdrachtelijk. Dat lekkende dak staat namelijk voor alles wat los, scheef en weggezakt is in mijn oude huis. Het is een heerlijk huis, een huis om verstoppertje in te spelen, zeggen mijn kleinkinderen. Als ik ze roep, krijg ik antwoord uit een kast.

Al mijn vrienden zijn zo aardig geweest om zich op een schitterende locatie in Toscane, Engeland, Frankrijk, België, Spanje, Portugal en Wales een optrekje met gastenverblijf aan te schaffen. Ze ploeteren daar wat af, want het optrekje was natuurlijk half in elkaar gestort en de aannemer met wie ze in zee gingen, was knudde. Jaren achtereen heb ik mijn vrienden zien vertrekken met aanhangwagens vol materiaal en gereedschap en afgepeigerd zien terugkomen met verhalen over alle rampspoed die hen was overkomen. Muren waren dikker dan gedacht en niet of nauwelijks af te breken. Vloeren liepen scheef af en tegels waren vergruisd of gebarsten. Eeuwenoude bomen legden tijdens een storm het loodje en verpletterden het dak. Prachtige oude balken bleken verrot te zijn. Ze moesten worden vervangen, hetgeen alleen maar kon als het net vernieuwde dak er weer afging.

Landlopers hadden zich de toegang verschaft tot het huis en het op een onsmakelijke manier uitgewoond en leeggestolen. En dan is dit nog maar een bloemlezing van alle ellende. Mijn vrienden werden er depressief van, maar ik hielp ze er rap bovenop. Ik stimuleerde ze om door te gaan met opknappen en aanbouwen; ik raadde ze vooral aan het gastenverblijf pico bello in orde te maken.

Mijn geestelijke steun heeft ertoe geleid dat ik op dit moment kan kiezen bij wie en op welke plek ik, zolang als ik wens, zou willen vertoeven. Ik word per e-mail met uitnodigingen overstelpt. In de Spaanse plaatsen Altea en Denia liggen kamers en suite met zwembad op mij te wachten. Even boven Bordeaux biedt een schitterend appartement mij uitzicht op zee. In Bergerac zit een sprookjeskasteel op mij te azen, in de Provence snakt een omgebouwd bakkershuisje naar mijn aandacht, in België wenst men mij in riant verbouwde paardenstallen in de watten te leggen en in Toscane wordt in verschillende landhuizen om mij gevochten. Ook in Holland hebben mijn constante aanmoedigingen vruchten afgeworpen. In Friesland hebben twee schrijvende heren een speciale Indische kamer voor mij ingericht, met sarongs en wajangpoppen tegen de muren en met 's morgens vroeg thee met ontbijtkoek op bed, en in Bennekom wordt in een luxueuze stacaravan met smart op mij gewacht. Ik maak schaamteloos gebruik van al die aangeboden hartelijkheid, en als tegenprestatie lees ik mijn vrienden voor, liggend in een luie stoel – al dan niet aan een zwembad – terwijl zij tot over hun oren in de soesa van hun tweede huis zitten en om mij heen lopen te rennen en te redderen. Want er moet altijd gemaaid worden, of de boel is door de grote regenval onder water gelopen, of de vijver moet worden uitgediept, of het zwembad moet nodig worden schoongemaakt, of er is net een partij kinderhoofdjes gestort om de cour te bestraten, of de peren moeten geoogst, of de beerput moet worden leeggezogen.

Nee, gelukkig heb ik geen tweede huis. Ik krijg gewoon de tweede huizen aangeboden van mijn vrienden, ik ga van hand tot hand in mijn coterie, en daarnaast blijft er voor mij genoeg tijd over om zo nu en dan een aardig reisje te maken.

# Italië
## (Toscane)

Er zijn twee redenen om naar Toscane te gaan: je bent er nooit geweest en je wilt de schoonheid en de cultuur ter plekke ervaren, of je bent er vele malen geweest en je weet dat in Toscane de tijd rechtop staat en is omgezet in kerken, torens en cipressen. In dat geval laat je je – door heimwee overmand – terugvoeren naar dat zoete, glooiende landschap dat in al zijn plooien steden, dorpjes en kunstschatten verbergt.

Wij – mijn echtgenoot Rob, fotograaf Robert, zijn vrouw Lous en ik – behoren tot die laatste categorie. Wij zijn onverzadigbaar. Wij willen gewoon nóg eens. In de herfst, in de zomer, in de winter zelfs, maar we gaan in mei, als het niet te warm is om te wandelen (want we zijn nu eenmaal verstokte wandelaars) en niet te druk om te genieten van de overbekende, maar altijd imponerende trekpleisters.

In de auto van Robert gaan we op weg. Vooralsnog begeleid door Pim Fortuyn, want het is de dag vóór de verkiezingen, en Nederland is inderdaad vol – maar dan wel van Pimmetje (Lous durfde zelfs haar kat Pimmetje niet meer binnen te roepen uit angst dat de buurt haar hysterisch zou vinden).

Het verkeer is ons gunstig gezind en we belanden zonder horten ruim een dag later in onze Albergo del Chianti, gelegen aan een kwetterend plein in het dorpshart van Greve. We vallen meteen met onze neus in de olijfolie, want er is een volksfeest aan de gang. Lange tafels staan dwars over het plein. Flessen Chianti Classico worden ontkurkt. Grote biefstukken worden gegrild en doorgegeven. Iedereen mag aanschuiven. Jawel, ook wij, want we zijn de gasten van de Albergo del Chianti, we zijn voor even Toscaan tussen de Toscanen, en dus zingt de mooie, melancholieke jongen op het podium zijn Italiaanse smartlappen ook voor ons. Duizendmaal versterkt en tot diep in de verdroomde nacht.

Om uitgestrekte landschappen in korte tijd te leren kennen, is het raadzaam de trein te nemen. Het landschap glijdt gewillig aan je voorbij en rolt zich op tot een geduldig filmpje achter in je geheugen.

Aandacht voor de vierkante centimeter, het voelen van de wind bij elke stap, het besef dat een hoofdbeweging het licht anders doet breken, dát is meer het privilege van de wandelaar. Een privilege dat de volgende dag vijf uur lang ons deel mag zijn.

Met een kaart in de hand trekken we door het wijngebied rond Greve. Stijgend, dalend. Over bospaden, karrensporen, onverharde landweggetjes. We laten ons verwarmen door een nog net te verdragen zon, vijfentwintig graden. Plezieriger kan haast niet. We wandelen langs akkers met graan, nog groen en bezaaid met rode papavers – over ruim een maand zal alles hier dor en geel zijn. We gaan door olijf- en vruchtboomgaarden en langs een kerkhofje met een vervallen bidhuis en een hoge, afgebrokkelde muur. We waden door een bergbeek. Op blote voeten glibberen we over de stenen naar de overkant waar we dapper onze weg vervolgen, de onafscheidelijke fles water in de hand. We koekeloeren op de kaart, maar die maakt ons niet wijzer, en zo sjokken we maar voort. Soms zien we een bordje dat verwijst naar een huis, een boerderij, een gehucht, maar nergens vinden we een terrasje, waar we onder een parasol op een stoel kunnen neerploffen. Even die onwennige kuiten masseren, even dat gloeiende hoofd onder de kraan. Pas na ruim vier uur, na het nemen van alweer een steil pad dat ons deze keer brengt bij de middeleeuwse burcht van het stadje Panzano, staan we plotseling voor de schattige *vineria* (bar) van Paolo Gaeta, die aan de achterzijde speciaal voor ons een koel terrasje heeft. Volmaakt tevreden heffen we hier ons glas gekoelde *tamole* (witte wijn van de streek). Een zacht windje. Een weids uitzicht. Een dak van druivenranken boven ons hoofd. En dan ook nog een lunch bestaande uit een antipasto van *crostini* (zes geroosterde broodjes, met knoflookolie en gevarieerde smeersels) en een *secondo piatto* (een gerookte forel met een sausje van mierikswortel, geflankeerd door gegrilde paprika, aubergine, courgette, artisjokkenhart en lenteprei).

De volgende dag worden we alle vier wakker met spierpijn in de kuiten. Het dalen en stijgen krijgt terecht de schuld. Zo kunnen we niet wandelen, en dus besluiten we naar Florence te gaan. Ik ben de enige die het ongemak hardhandig aanpakt: met een paar stevige duimen begin ik mijn benen te *pitjitten*. Kon ik dat maar doen zoals dat gedaan behoort te worden, of liever: kon ik dat maar zo láten doen. Dan zou ik op mijn buik gaan liggen en liet ik een kind of een licht persoon zijwaarts over mijn rug schuifelen, langzaam, vooral langzaam met de voeten mijn lichaam masserend van nek tot achillespees en weer terug. Maar als ik zo om mij heen kijk zie ik geen licht persoon en dus wrijf ik mijn kuiten maar in met het tovermiddel van mijn Indische moeder, *obat matjan* (tijgerbalsem) dat altijd in mijn medicijntasje meegaat en die als een geurvlag om me heen blijft hangen. Ik geniet van dat luchtje, want ik ben weer thuis, ik hoef niet eens mijn ogen te sluiten om mijn warme Indische jeugd tot mij toe te laten. Mijn gezelschap vindt mij echter asociaal. Ik verpest de atmosfeer in de auto, zeggen ze, maar als we eenmaal langs de Arno wandelen, richting Ponte Vecchio, let niemand meer op mijn o zo zoete, penetrante geur. We spreken af dat we niet al het fraais hoeven te zien, want er zijn mensen – zo weet Lous met pathos te vertellen – die ziek worden van te veel schoonheid, en dat wensen wij nu ook weer niet.

Eerst slenteren we over de Ponte Vecchio, de brug met de kleine winkeltjes, waarop Dante zijn Beatrice heeft ontmoet. Vroeger – en dan praten we over de vijftiende eeuw – waren hier neringdoenden van allerlei slag. Er waren vooral veel slagers, die hun restanten domweg in de Arno kieperden, en dat vond ene hertog Fernando I erg onwelriekend. In 1593 verbood hij het gebruik van de winkels door anderen dan zilversmeden. Vandaar dat wij ons nu lebberend aan onze vierbollige *gelato* kunnen vergapen aan de weelderige etalages van de juweliers.

De Ponte Vecchio voert ons naar de Piazza della Signoria. Hier kwam vroeger het volk bijeen om terechtstellingen bij te wonen. Wij zijn wat eenvoudiger te amuseren. We nemen plaats op een terrasje, bestellen voor vijf euro drie slokjes lauwe espresso – bij een vorig protest kregen we de Italiaanse volle laag dus houden we ons nu maar koest – en turen braaf naar de overkant, naar het indrukwekkende Palazzo Vecchio (het oude paleis). Links op het plein staat een grote fontein met een Neptunusfiguur die dominant over de andere bronzen beelden heen kijkt, en daarvoor dringt het ruiterstandbeeld van hertog Cosimo I (die Florence aanzien gaf door er een regeringscentrum van te maken) zich zodanig op dat onze aandacht pas in tweede instantie naar de kolossale David van Michelangelo gaat. Althans, naar de kopie daarvan die bij de ingang van het Palazzo staat. De ware David kon niet zo best tegen de wisselende weersomstandigheden en is vanwege zijn tere huid in 1873 overgebracht naar de Galleria dell'Accademia.

Het meest overweldigende van Florence is het religieuze centrum: de Dom, de Campanile (de klokkentoren, die met zijn platte dak de mooiste campanile van Italië is) en het Baptisterium (de doopkerk). In flitsen nemen we alles waar. Zal ons geheugen ons genadig zijn? Zullen we later de beelden kunnen oproepen, behorend bij de woorden die ik aan mijn blocnote toevertrouw? Ik schrijf: 'De grote koepel, de drie kleinere halve koepels, de majestueuze portalen, de indrukwekkende façade, de drie kleuren marmer – wit, rood en groen – de prachtig bewerkte toegangsdeuren, de gebrandschilderde ramen, de decoratie aan de buitenkant – Maria, maar ook andere figuren uit de kerkgeschiedenis.'

Schoonheid rondom en toch een eenheid, wat des te verwonderlijker is wanneer we ons bedenken dat er zes eeuwen lang gebouwd is aan dit godshuis.

Als we de Dom binnengaan, lijkt het of de stilte wordt weerkaatst. De kerk is monumentaal. Middenschip. Zijschepen. De versiering is sober. Plotseling wordt mijn blik gevangen door een prachtig schilderij waarop Dante te zien is met in zijn handen de *Divina Commedia*. Links van Dante gaan de verdoemden hun eeuwige straf tegemoet. Ze worden begeleid door duivels. In het midden lopen de uitverkorenen een berg op. Zij zijn de engel met het zwaard van gerechtigheid al gepasseerd. Rechts van Dante strekt zich de stad Florence uit, zoals wij die later in werkelijkheid zullen zien, staande op de plek van Dante, de plek die nu Forte di Belvedere heet.

In de schaduw van de Dom vind ik een verzameling rijtuigjes. De paarden maken pas op de plaats. Om hun versierde halzen hangen zakken met voer dat ze rustig vermalen. Ik krijg plotseling het kinderlijk verlangen om me nostalgisch in zo'n koetsje door Florence te laten rondrijden. Maar de koetsiers liggen met hun dikke buiken op schoot te slapen op de achterbank. Het is klaarblijkelijk siësta en wie ben ik, dat ik deze rust mag verstoren?

Ik voeg me snel bij mijn gezelschap, dat op weg is naar het Baptisterium, de achthoekige doopkerk die aan de heilige Johannes de Doper gewijd is. Van vorige bezoeken herinner ik me het prachtige interieur, vooral het mozaïekplafond dat een doorsnee heeft van vijfentwintig meter maakt een mens nederig en stil van binnen. (Ik heb inmiddels een stijve nek van al dat naar boven kijken. Moet ik straks nu wéér met obat matjan aan de slag?) Schoonheid, schoonheid, overal. En toch wordt alles overschaduwd door de schoonheid van de deuren tegenover de Dom. Ik probeer ze te benoemen. Op de plaat links boven herken ik de schepping en de verdrijving uit het paradijs. Lous wijst me op Kaïn en Abel, op Noach en Jacob en Esau. De mannen komen erbij en doen met het spelletje mee. Abraham die zijn zoon Isaac wil offeren. Mozes op de berg Sinaï. Jozef die door zijn broers verkocht wordt. Joshua die het beloofde land binnengaat en Jericho inneemt. Saul en David die Goliath verslaat. En dan nog die tiende die we maar niet thuis kunnen brengen. Een Engelsman die ons ziet modderen helpt ons op weg. 'Perhaps mister Salomon?' zegt hij, en natuurlijk, mister Salomon die de koningin van Sheba ontvangt! Tien goudkleurige platen met voorstellingen uit de bijbel. Ze zijn het levenswerk van Lorenzo Ghiberti (hij werkte eraan van 1425 tot 1452). Michelangelo noemde ze 'de poorten van het paradijs'.

Na drie nachten in onze Albergo del Chianti – de avonden doorbrengend in kleine, gezellige restaurantjes met *fatta in casa* (eigengemaakte) gerechten – verhuizen we naar het statige landhuis Fattoria Valle. Het ligt in al zijn eenzaamheid even buiten Panzano en wordt omgeven door terrassen en tuinen. We krijgen antieke kamers met jaloezieën en kroonluchters. We hebben uitzicht op het dal van de Pesa. Op zulke momenten voelen Lous en ik ons van adel en laten we ons gaarne met zwier bedienen. Op onze vingerknip komt echter geen personeel toesnellen en dus stellen wij ons zuchtend tevreden met een luie middag aan het zwembad. (Onze meegebrachte heren zijn zo vriendelijk om ons te forageren.) En dan gaan de oogjes dicht. Ach, ieder mens moet zich even kunnen verstoppen in een land van zachte tonen en lichte kleuren, en in de wetenschap dat de eeuwen voor het grijpen liggen. Wie en wat je bent is dan niet meer van belang.

Laat in de middag zetten wij ons aan de wandeling. Het is minder warm, het licht valt anders dan overdag, en we ondergaan het mirakel van de zon die wegzakt achter een boerderij. Donkere cipressen in het avondrood. Een jengelende koekoek. Aarde die naar vruchten ruikt. Moeiteloos lopen. Dan, snel invallende duisternis. We zoeken de kortste weg naar Panzano en staan ineens plompverloren op het driehoekige dorpsplein. Daar wordt gegeten en gedronken in de met kaarsen verlichte *osteria's* (eethuisjes). We doen bescheiden mee. We houden het op koele, witte *vino della casa* en een *dolce* (zoet nagerecht), een perentaart. En die is zó lekker, dat ik mij verplicht voel hier het recept prijs te geven: een fijne taartbodem met daarop halve peren, afgedekt door een mengsel van roomvla, crème fraîche, grof gehakte amandelen, citroensap en honing. Het geheel besprenkeld met de zoete dessertwijn Vin Santo en royaal bestoven met poedersuiker.

De dagen die ons nog resten vullen we beurtelings met wandelingen en het bezoeken van de historische stadjes. Eenmaal verdwalen we in een gebied zonder einde. Alles gaat op een andere manier door, heuvels gaan over in dorpen, dorpen in bossen, bossen in velden. Na drie uur lopen zijn we het spoor compleet bijster, maar gelukkig, er komt uit het niets een getaande man in een groen pak op ons af. Hoera, onze redder in de vorm van een boswachter, denken wij Hollands naïef. Robert legt hem de kaart voor en vertelt in zijn slechtste Italiaans hoe warm en hoe ver het was. De man luistert geduldig en trekt een peinzend gezicht. En of hij ook weet waar we ons nu bevinden, vraagt Robert hem. Eindelijk komt er geluid uit de man. '*I don't know,*' zegt hij, '*I am Alan, from Ohio, Texas. I am just looking for my wife. Have you seen a fat woman?*'

We brengen een dag door in Siena. Te kort natuurlijk voor deze bijna ongeschonden middeleeuwse stad. Op Il Campo, het centrale plein, het mooiste van Italië, dat de vorm heeft van een reusachtige schelp, zitten en liggen de mensen zoals bij ons thuis op het strand. Zoveel rust als het plein nu uitstraalt, zo roerig is de geschiedenis van de stad, maar niemand schijnt zich met dat laatste bezig te houden. Men laat zich gewoon overrompelen door de schoonheid van Siena van nu, en iedereen doet dat op zijn eigen manier. Wij doen dat op een terrasje. Onder het genot van een cappuccino kijken we uit op het Palazzo Pubblico dat, zo zegt men, het mooiste stadhuis van Italië is. Zijn toren, de Torre del Mangia, is te beklimmen, en waarachtig, we laten ons opjutten door Lous, die thuis driemaal per week op fitness zit en we 'doen' de honderdtwee meter treden om, eenmaal boven, uitbundig puffend te genieten van het uitzicht over de stad en de omgeving. Van boven hebben we ook een goed zicht op de schitterend gedecoreerde fontein, de Fonta Gaia, een poedelplaats voor honderden duiven, en kunnen we ook duidelijk constateren dat Il Campo schuin afloopt. We laten ons vertellen wat daar de oorzaak van is: Siena is gebouwd op drie heuvels en op het punt waar deze heuvels samenkomen heeft men het plein aangelegd.

Vanaf onze hoge plek zouden we de Palio – de beroemde paardenraces tussen de jockeys van verschillende delen van de stad – erg goed kunnen zien. De races worden op Il Campo twee-

maal per jaar gehouden, op 2 juli en 16 augustus en ze zijn uitgegroeid tot een folkloristische happening. Paarden en jockeys
worden opgehitst door een duizendkoppige, gillende menigte,
die zich na de race in een uitbundig volksfeest stort.

Op de valreep gaan we nog even naar Pisa, naar de Campo di Mi-
racoli, het veld van de wonderen. Op dit plein staan alle wonderen gemakshalve bij elkaar. De scheve toren – de klokkentoren –,
het Baptisterium en het derde wonder: het kerkhof Camposan-
to. De scheve toren en het baptisterium nemen we en passant
mee – we moeten nu eenmaal kiezen – maar het gaat ons om de
gerestaureerde fresco's en de sarcofagen in het kerkhof Campo-
santo. En wel speciaal om het indrukwekkende fresco *Triomf van
de Dood*, gemaakt vlak na de pestepidemie van 1348 door een on-
bekende schilder. Urenlang ontleden we het schilderij. We doen
ons te goed aan geopende doodkisten met lijken in verschillende stadia van ontbinding, kreupele bedelaars die de dood smeken hen te komen halen, duivels die mensen stelen en engelen
die reddend rondvliegen. Wat een schitterende ellende.

We hebben nog één dag. We moeten kiezen tussen Radda en San
Gimignano. We kiezen voor het laatste. San Gimignano, de stad
met de torens. De edelen en andere rijken verschansten zich in
de hoge torens en gingen elkaar van daaruit te lijf. Zoiets ruimt
meestal lekker op, vandaar dat er van de oorspronkelijke twee-
enzeventig torens op dit moment nog maar veertien over zijn.

Via de stadspoort komen we in een werkelijk middeleeuwse
stad. Een smalle weg – de Via San Giovanni – met wel duizend
Toscaans-aardewerkwinkeltjes voert ons naar het centrum, het
Piazza del Duomo. En daar zien we waarachtig dat San Gimignano ook Twin Towers bezit. Ze mogen wel uitkijken dus. De
Torre Grossa, vierenvijftig meter hoog, is te beklimmen, en dat
laat Lous zich geen tweemaal vertellen. Ze probeert mij mee te

krijgen, maar ik pieker er niet over – onze heren trouwens ook niet – wij wachten met onze eeuwige cappuccino wel op een terrasje tot Lous weer beneden is en we geloven graag van haar dat het uitzicht zeer fraai is.

Ten slotte kiezen we voor een wandeling door de oude stad. Hoe verder van het centrum, hoe rustiger het is en hoe meer muziek er op straat wordt gemaakt. Een man, leunend tegen een stadswal, ontlokt romantische tonen aan een harp, en een Nederlandse pianist verwent ons met ragfijne muziek van Botticelli. We gaan even op de grond bij hem zitten.

Zo moet het vroeger geweest zijn en zo is het nu nog steeds. Eigenlijk heb ik van Toscane dus niets meer te melden dan: er zijn wat torens verdwenen, maar voor de rest staat alles er nog.

# Engeland

Kent en Sussex, de tuinen van Engeland. Glooiende graslanden met schapen in dikke jassen, lammetjes met klagende stemmetjes en op verheugde voetjes, en witte paarden, weggelopen uit een droom. Flatloze dorpen. *Tudor-cottages* waarin ik zo geboren wil worden. Smalle wegen omzoomd door hoge heggen. Landhuizen en kastelen met witte en zwarte zwanen voor 'wie ermee naar Engeland wil varen', zoals het kinderliedje zingt. Wildroosters en smeedijzeren hekken. Afgebrokkelde muren met rozen en kamperfoelie. Theedrinkende families met een geschiedenis en bomen met een eeuwenoud verhaal.

Er zijn drie manieren om in Engeland te komen. Vliegen, dat is verreweg het eenvoudigst, maar het duurst; met de auto naar Calais en dan in ruim een halfuur met de shuttletrein van Eurotunnel naar Folkestone; of met de ferry in ruim een uur van Calais naar Dover. Mijn nicht Ireen en ik kiezen voor het laatste, want Ireen houdt niet van vliegen en ik ben bang in een tunnel en beiden worden we snel zeeziek maar dat doen we dan tenminste samen. Bovendien kunnen we de tijd aan boord gebruiken met het observeren van 'de Engelsen'. De Hollandse toeristen profileren zich meteen. Ze zijn een dagje uit en er wordt ogenblikkelijk eten gehaald. Patat met mayonaise en broodjes worst met ketchup. Ze praten luidruchtig, iedereen mag de volle-mondsmoppen horen waar ze zelf uitbundig om moeten lachen. De Hollanders worden afkeurend bekeken door de Engelsen een tafel verderop. Zij zitten verpakt in wollen jassen van tien modes terug en zijn continu bezig een goede indruk te maken. Er wordt zacht en stijfjes gesproken, er is geen belangstelling voor zoiets ordinairs als snoeperij of eten.

En zo komen we over de golven aan in Dover en staan daar oog in oog met de witte krijtrotsen, door Vera Lynn zo vaak be-zongen. We kijken op naar Shakespeares Cliff, uitdagend hon-derdtwintig meter hoog. Voor wie dáárop staat, geldt de tekst uit King Lear: 'How fearful and dizzy it is to cast one's eyes so low.'

Meteen achter de krijtrotsen begint het Engelse decor. How green is my valley. Maar er zijn ook velden geel van het koolzaad en sommige zijn begroeid met vlas dat de belofte van een blauwe bloei in zich draagt. Bomen zijn nog niet weggekaveld. Het voorjaar is met haar voorbereidingen klaar en schenkt ons zacht-groene bosschages, idyllische doorkijkjes en schitterende verge-zichten. Het sleutelwoord is ruimte. Zelfs op de oude kerkhoven staan de grauwe zerken op eerbiedige afstand van elkaar.

Een zwerftocht door Kent en Sussex behoort gemaakt te worden met een romantische strooien hoed op het hoofd en een zwarte paraplu voor een buitje tussendoor bij de hand. En natuurlijk het liefst in een Bentley, een Rolls Royce of een open Morgan met een rieten, goedgevulde picknickmand op het bagagerek. En dan op zoek gaan naar een lieflijk plekje aan de oever van een kabbelend stroompje. Maar Ireen en ik zitten gewoon in de bus. Als twee omazusters knijpen wij er tussenuit, de tassen volge-propt met brillen, zoetjes en kleinkindfoto's. Even weg van het onkruid in eigen tuin. Even genieten van échte tuinen. Onze In-dische tantes reizen met ons mee, want natuurlijk is zo'n zuster-lijk onderonsje hét moment om alle uitroepen en commentaren die in ons familiegeheugen genesteld zitten, te ventileren. Wanneer de chauffeur, door plotseling te remmen, nog maar net een aanrijding kan voorkomen, roepen we tegelijkertijd: 'Djebrèng', een geluidsnabootsing die onze tante Toetie altijd maakte wanneer er een botsing plaatsvond. En als we galopperende paarden op ons pad krijgen, klakken we met onze tong 'Gdeboek-gdeboek-gdeboek', een geluid waarvan de herkomst bij tante Lea gezocht moet worden. En als er tijdens een stop luid gejank klinkt omdat iemand op de poot van een hond trapt, kunnen we het niet laten om met 'Kajìn-kajìn-kajìn' onze tante Prul na te doen die in voorkomende gevallen altijd met de hond mee ging huilen.

We reizen in een groep. Wat nadelen heeft: we moeten ons houden aan afspraken voor het vertrek en het in- en uitstappen neemt met dertig passagiers veel tijd in beslag. Voordelen zijn er echter ook. We hebben een charmante, alwetende reisleidster en komen in tuinen – vaak een paar uur vóór de officiële openingstijd – die voor privépersonen gesloten zijn. Bovendien kunnen wij dankzij onze hoge busplaats over de heggen heen het landschap aanschouwen. Zoals een kat een stukje privé-oerwoud is, zo is een tuin een stukje privéparadijs. Dat wordt ons al meteen duidelijk in de eerste tuin (op ongeveer twintig minuten rijden van Dover) die wij bezoeken: Goodnestone Park Garden, het domein van de al op leeftijd zijnde Lady en Lord Fitzwalter. Hun optrekje bestaat uit een kolossaal *early Georgian* familiehuis met Dorische pilaren. Lady Fitzwalter zelf ontvangt haar bezoekers op de tea, die ze serveert in de grote serre aan de achterkant van het landhuis. Het bladerdak van reusachtige planten dat zich bijna door het glas naar de zon duwt, zorgt voor een zacht licht en een lieflijke atmosfeer. Centraal staat een lange tafel gedekt met Laura Ashley-kleden en gebloemd Engels aardewerk dat ik ooit in de *Onedin Line* gezien heb. Een grote theepot staat in het midden op een theelicht gezellig te doen. Op een zilveren dienblad liggen scones met schaaltjes jam en room. Op etagères prijken petitfourtjes en plakken cake, en op grote platte schalen liggen verfijnde witte, korstloze sandwiches met komkommersla en gerookte zalm. Lady Fitz nodigt ons met haar krassende stemmetje uit om aan tafel plaats te nemen in een royale rieten fauteuil met gebloemde, cretonnen kussentjes. Wij doen dat stilletjes en respectvol, en kijken vervolgens naar het ritueel dat zich dan afspeelt. De kopjes staan al klaar en Lady Fitz doet in ieder kopje een scheutje koude melk. Daarna pakt ze met haar breekbare handjes de theepot, waarna ze de thee op de melk schenkt. Suikerpotjes en kannetjes met kokend water worden ons aangereikt door helpende dames (naar later blijkt de buurdames die allemaal hetzelfde gekapt zijn – truttig – en die een zakcentje willen bijverdienen) zodat wij de thee zelf kunnen zoeten en op sterkte kunnen maken. Op de *Onedin Line*-bordjes creëren wij een collage van lekkernijen die wij prijzend ('*nice, very, very nice*') soldaat maken. En dan wordt het tijd dat Lady Fitz ons op haar spillebeentjes – die al aardig doorbuigen – en met een gehaakt zéér Engels hoedje op, gaat rondleiden door haar indrukwekkende tuin, die een terrein van zes hectaren beslaat. We bewonderen een formele tuin met terrassen – borders met vaste planten en zomerbloemen – overlopend in een bosrijk gedeelte en een achttiende-eeuwse ommuurde tuin met vele soorten clematis, rozen en jasmijn en met in het moestuingedeelte een fotogeniek kerkje. En dan is er ook nog een driehonderd jaar oude tamme kastanje met een bast die lijkt op de huid van een olifant (of misschien nog meer op het verpulverde huidje van Lady Fitzwalter, maar dat durven we alleen maar te denken) en die ons verleidt om met ons lichaam tegen hem aan te gaan staan. Zullen we echt de energie kunnen voelen? Zal de boom ons begrijpen als we tegen hem prevelen?

Even later duiken we onder in een prieel met banken langs de ramen en uitzicht op een weide. Het enige dat we hier kunnen doen is stil zijn en kijken want elk woord is er hier één te veel. Mijn blik blijft hangen op een in goud gelijst gedicht aan de muur. Een gedicht van Emily Dickinson.

> To make a prairie it takes a clover and one bee, –
> One clover, and a bee,
> And revery.
> The revery alone will do
> If bees are few.

Thuis heb ik Vestdijks vertaling van dit kleine versje.

> Voor het maken van een weide
> Heeft men klaver nodig en bijen,
> Eén klaverplantje en één bij, –
> En dromerij.
> Of dromerij alleen,
> Wanneer er weinig bijen op de been
> Zijn.

Hij gaf het mij in de tijd dat ik zijn roman *De koperen tuin* voor televisie bewerkte. Opdat ik vooral goed zou beseffen welk gevoel een tuin (en een park en vooral de weiden in zo'n park) kan oproepen.

Het huis en de tuinen tezamen doen denken aan boeken en films als *Sense and Sensibility* en *Mansfield Park*. Hetgeen niet te verwonderen is, want schrijfster Jane Austen was ooit de trouwe bezoekster van haar tante Emily, die tot haar dood in dit landhuis woonde en die in de vele brieven aan haar familie de tuinen tot in de kleinste details beschreef.

Terwijl de anderen nog door de tuinen dwalen, zitten Ireen

en ik op het bordes voor het huis ons te verbazen. We hebben uitzicht op schapen en koeien die – we begrijpen het maar niet – keurig op hun eigen grasland blijven, terwijl er toch geen hek is dat hen met schrikdraad van ons scheidt. Lady Fitzwalter *herself* ziet onze vertwijfeling en geeft ons uitleg. Dat komt door de Ha-ha, zegt ze. Bij de landschapstuinen loopt het landschap over in de tuin, en om nu te voorkomen dat de beesten dat ook doen en en passant de moestuin kaal vreten, wordt op de grens land-schap-tuin een greppel of een niveauverschil (een Haha) aange-bracht. Vanuit het huis is daarvan niets te merken, zodat het lan-delijk aanzien ongeschonden blijft. Voor de beesten echter is dat anders. Keer op keer staan ze met open mond voor de onneem-bare afscheiding en je moet wel Engelsman zijn om te geloven dat ze dan luid 'Haha' roepen.

Het boeiende van 'tuinenkijken' is het ontmoeten van de men-sen áchter de tuin. In het geval van Finchcocks betreft dat de concertpianist Richard Burnett en zijn vrouw Katrina. In 1970 kochten zij het landgoed Finchcocks. Hun schitterende verza-meling oude klavierinstrumenten – negentig stuks, waarvan de helft gerestaureerd en bespeelbaar is – werd in het barokke land-huis ondergebracht.

In diverse films kregen de instrumenten een rol. Voor *Ama-deus* werden de Mozartklavieren naar Praag gevlogen, en de trouwlustige jongejuffers-zonder-bruidsschat in *Sense and Sensi-bility* speelden hun smachtende wijsjes op de klavecimbels en spinetten van Finchcocks. Wíj mogen echter met geen vinger aan het kostbare spul komen, wordt ons verteld door de piano-stemmer die driftig met de instrumenten bezig is. Tezamen met de Burnetts en ene drukdoenerige David vormt hij een kwartet dat door een castingbureau daar neergezet zou kunnen zijn.

We krijgen een concert.

Richard Burnett (die zich wijzend naar zijn vrouw voorstelt

met: 'I am her husband and I heard you are from the wrong side of the Chan-nel') blijkt een onhandige pianist te zijn, die ogenschijnlijk nogal lomp met zijn instrumenten omgaat – tot grote hilariteit van zijn publiek – maar uiteindelijk natuurlijk een fijnzinnig recital ten gehore brengt. Bovendien is hij in staat om anderhalf uur lang een act op te voeren, die aan Victor Borge of Hans Liberg doet denken. Hij rent van het ene instrument naar het andere. Tegelijkertijd brengt hij ons op de hoogte van alle ins en outs van de orgeltjes, mechaniekjes en klavecimbels, waaruit hij bo-vendien prachtige muziek weet te toveren. Voor professionele musici moet het belangrijk zijn om te kunnen horen hoe de mu-ziek vroeger op de oorspronkelijke instrumenten heeft geklon-ken.

We vergeten bijna dat we voor de tuin zijn gekomen. Geen perfecte tuin, geen perfecte borders deze keer – en gelukkig ont-dek ik ook zevenblad, waartegen ik thuis zo wanhopig vecht – maar wel overal weiden met wilde bloemen, bomen die tot in de kruin omstrengeld worden door overvloedig bloeiende roosjes (Ramblers) en vergezichten over omringende parklandschap-pen. Het is hier dat we voor het eerst kennismaken met de *Hop-houses* die we bij de boerderijen zien liggen. Net als de molens in Holland, worden de Hop-houses gerestaureerd en voor het land-schap en de toerist in leven gehouden. Het zijn huizen met stevi-ge, ronde torens, waarop een wit, draaibaar puntdakje staat met aan één kant een opening. Hier kan de wind naar binnen slaan en over de zoldervloer strijken. De hopbloemen – de bellen – werden vroeger op de zolders gedroogd en dat alles gebeurde om de mensen aan de broodnodige bitterzuren voor hun dagelijkse portie bier te helpen.

Als we in Canterbury de *cathedral* willen bezoeken, blijkt de helft van het gezelschap daarvoor geen interesse te hebben – en bo-vendien nog nooit gehoord te hebben van de legendarische, gebrandschilderde kerkramen en van Chaucers *The Canterbury Tales*. Men wacht wel in een pub aan de overkant tot wij ons bij hen voegen.

De pub aan de overkant blijkt meer te zijn dan een openbare plek om het geestrijke vocht samen te nuttigen. Het is er ronduit gezellig. Donkerrood gestoffeerd, donker hout, kleine raampjes en verlicht met minuscule lampenkapjes.

De stamgasten zijn luidruchtig joviaal; er wordt veel op schouders geslagen, veel gedronken en tegelijkertijd televisie gekeken. Ons gezelschap wordt in de kring getrokken. Ah, die Hollanders! Nog nooit in een typisch Engelse pub geweest? Ook nooit iets gehoord van de geschiedenis van een pub? De Romeinen. De Romeinen hebben de eerste pubs gesticht. De Romeinen hebben hun eigen taverne meegenomen toen ze in Groot-Brittannië voet aan wal zetten. Nou ja, en zo is 't gekomen.

Terugrijdend naar ons hotel valt het ons op dat er in dit gebied, dat toch 'De tuin van Engeland' heet, nauwelijks tuincentra te bekennen zijn. Wel zien we meerdere malen mensen op straat met stekjes in kleine bloempotjes lopen. Onze reisleidster weet er het fijne van. Als de Engelsen bij elkaar op de thee gaan, nemen ze graag als cadeautje een stekje mee. Ook het uitwisselen van stekjes is een serieuze zaak, de namen van de vaak exotische kleinen worden zorgvuldig genoteerd, en de goede gevers worden op de hoogte gehouden van de al dan niet voorspoedige groei van de pupil. Want ach, die Engelsen... tuinieren is hun nationale tijdverdrijf en trots. Op die paar vierkante meter die ze hun eigendom mogen noemen, creëren zij met behulp van tuinboeken, tuintijdschriften en televisie-tuinadviseurs hun eigen kleine lusthof, waarin het ook voor tuinkabouters met kruiwagentjes en vishengeltjes goed toeven is.

Het eerdergenoemde castingbureau zou ook verantwoordelijk kunnen zijn voor het bedienend personeel in ons hotel. Een vijftal dat zo weggelopen lijkt te zijn uit een comedyserie. Een zware ober balanceert ter hoogte van zijn schouder op de toppen van zijn vingers een afgeladen schaal lamsvlees, een dienblad met sauzen of om-het-even-wat. Luid zingend zwiert en zwaait hij zich een weg door de eetzaal, en hij wordt al spoedig door ons met 'Pavarotti' aangesproken. Numero twee is een student-charmeur, die knipogend de mooiste dames een extraatje op het bord schuift. De derde is een kleine geblondeerde juffer met een grote waffel uit Barcelona, die alles uit haar handen laat vallen. En de vierde is een verfrummeld schaap uit Ierland dat door iedereen van hot naar her wordt gecommandeerd. En dan is er nog een soort *maître-d'hotel*, een chique dame gelijk wijlen de koningin-moeder, die met een uitgestreken gezicht en met een blik naar de student-charmeur bij ons komt informeren: '*Did he ask your room number, ladies?*'

De Sissinghurst Castle Gardens zijn misschien wel de meest bekende tuinen van het graafschap Kent waar iedere gepassioneerde tuinliefhebber naartoe wil. En ook wij willen Sissinghurst niet missen. Het woord 'Castle' zet ons wel op het verkeerde been. Er is namelijk geen sprake van een kasteel, er zijn alleen nog wat overblijfselen. Er is wel een landhuis, dat door zijn bewoners (Victoria Sackville-West en haar echtgenoot Sir Harold Nicolson) in 1930 is opgeknapt.

Victoria was een bekend schrijfster – ze schreef onder andere *The Edwardians* – en een zeer spraakmakende dame, die een verhouding had met Virginia Woolf. Haar echtgenoot Harold kon er ook wat van. Van dat gescharrel buitenshuis, bedoel ik. Vandaar dat hun zoon later in staat was een boek over zijn zeer bedrijvige ouders te schrijven. Een wereldberoemd boek, dat ook verfilmd werd (*Portrait of a marriage*). De tuinen van Sissinghurst werden óók wereldberoemd, waarschijnlijk omdat Victoria en Harold er wat ontwerp, aanleg en beplanting betreft een volstrekt afwijkende visie op nahielden. Harold hield van strakke vormen en symmetrie, en Victoria liet de natuur graag wat rommelig zijn gang gaan. Dat heeft in ieder geval tuinen opgeleverd met een magische aantrekkingskracht. Tuinen met romantische, zoetgeurende planten (veel rozen natuurlijk), in toom gehouden door strenge, rechthoekig gesnoeide taxushagen. Maar ook een tuin zoals de befaamde White Garden. Alles wat daar uitbundig staat te bloeien is wit van kleur en slingert zich nonchalant om alle mogelijke uitsteeksels. Tot grote ergernis van Harold natuurlijk en zeer waarschijnlijk tot groot genoegen van Victoria die in deze losbandige wijze van uitbotten veel van zichzelf herkend moet hebben.

De laatste tuin die wij bezoeken ligt in East Sussex, bij het dorpje Uckfield, te midden van een landschap dat de High Weald wordt genoemd. De tuin heeft de fascinerende naam *Cabbages and Kings*. Het klinkt me bekend in de oren, maar ik kan het niet thuis brengen. Cabbages and Kings, oftewel: Kolen en Koningen. Ik kom er ook niet achter waarom deze tuin zo heet, ik zie geen kolen en ik zie geen koningen. Ik zie alleen maar paadjes, terrasjes met tuinbanken, stenen trapjes, pastelkleurige bloemen en beelden die plotseling opdoemen uit het groen. Alleen in de borders rond het huis is door de ontwerper van die stijl afgeweken. Hier staan knalrode klaprozen brutaal naar ons te lonken. Cabbages and Kings laat aan de tuinliefhebber zien wat hij allemaal kan doen met een beperkt oppervlak, dat bovendien blootgesteld is aan de gure oostenwind.

De hele weg naar huis blijft 'Cabbages and Kings' als een deuntje door mijn hoofd dreinen. Pas als ik thuis ben voert de proza van het dagelijkse bestaan me binnen in het rijk van de poëzie. Op het monotone geluid van mijn stofzuiger, dansen plotseling de regels uit *Alice in Wonderland* bij mij naar binnen:

The time has come
to talk of many things
of shoes and ships and sealing wax
of cabbages and kings

Ik realiseer me dat de poëzie van *Alice in Wonderland* zeer wel past bij die charmante, niet zo grote en tegen de wind opboksende tuin in East Sussex.

•

# Zuid-Wales

Cardiff, culturele hoofdstad 2008, het is nu al te merken. Het centrum wordt opgepoetst. De gebouwen en huizen staan als geverfde oude dames klaar voor het bal. Nog een vleugje hier, een toefje daar, niemand hoeft de steunkousen te zien en straks is de eerste wals voor de toeristen. Ons kleine gezelschap – Robert, Lous, Rob en ik – voelt zich meteen thuis in de knusse Victoriaanse en Edwardiaanse Arcadesteegjes in de totaal zeven overdekte winkelgalerijen die de historische binnenstad ons biedt. Kleine winkeltjes met kunstvoorwerpen, sieraden, schoenen, hoeden, kranten en nog kleinere winkeltjes met koffie en gebak. Een goed en ontspannen begin van ons weekje Zuid-Wales.

In de geschiedenis van Cardiff hebben we ons thuis al een beetje verdiept. Romeinse bezetters bouwden in 76 na Christus aan de mond van de rivier Taff een fort dat zo'n duizend jaar later vertimmerd werd tot een Normandisch kasteel.

Eind achttiende eeuw kwam dat in handen van de markiezen van Bute, grootgrondbezitters die puissant rijk waren geworden door de in- en export van steenkool, die in de Valleys ten noorden van Cardiff werd gedolven. De derde markies van Bute, die zijn hart verpand had aan geschiedenis en archeologie en die in die tijd de rijkste man van de wereld was, ontmoette op een dag de architect Burges, en het is de combinatie geweest van het fortuin van de één en de genialiteit van de ander waardoor Cardiff Castle kon worden getransformeerd tot een merkwaardig Victoriaans fantasieproduct. Het kasteel schittert in de zon – tweeëntwintig graden, en dat in mei en dat zeven dagen lang! – en vanaf de toren krijgen we zicht op de hele omgeving: Cardiff ingebed in landerijen, bossen en heuvels, en met de voetjes in de zee.

We worden door de gids van Cardiff Castle door zalen en grote en kleine kamers geleid. We zien een aandoenlijke kinderkamer waarin de vier Bute kinderen hun tijd doorbrachten, een Arabische kamer, de daktuin, de winterrookkamer, de bibliotheek, de vrijgezellenslaapkamer, de kapel en de enorme Banquet Hall. We schuifelen van het ene pompeuze vertrek naar het andere rijk gedecoreerde interieur. De schoonheid overrompelt ons.

Castle Coch, het kasteel dat we de volgende dag bezoeken, ligt even ten noorden van Cardiff in Tongwynlais. Het is eveneens een schepping van het duo Burges en Bute, en mocht dienst doen als weekendhuisje voor de Butes. Het verhaal gaat echter dat de Butes zo blasé waren dat ze er na een paar weekendjes verveeld rondlopen nooit meer terugkwamen. Toch is dit kasteel misschien nóg fantasievoller dan Cardiff Castle, al was het alleen maar door de ligging, halverwege een beboste berghelling. Van veraf geeft het ons het gevoel dat we daar de schone slaapster zullen vinden.

Het van oorsprong middeleeuwse kasteel heeft een excentriek, protserig en wat kitscherig interieur gekregen met heel veel religieuze accenten. Trekkend van kamer naar kamer verbazen we ons over zoveel sprookjesachtige creativiteit.

Hoe is het mogelijk dat één man dit allemaal tot stand kan brengen, en wat een geluk dat er rijke mensen bestaan die zichzelf een weekendhuisje gunnen.

In Cardiff kunnen we dagen doorbrengen, maar we hebben er maar één, dus moeten we kiezen. We 'doen' in een paar uur het Museum of Welsh Life in St. Fagan aan de rand van de stad. Het is het grootste historische openluchtmuseum van Europa. In het prachtige landschapspark staan zo'n dertig huizen die uit alle delen van Wales daar naartoe zijn overgebracht en zo kunnen we zien hoe op verschillende momenten in de afgelopen vierhonderd jaar de bevolking van Wales woonde, werkte en haar vrije tijd doorbracht. Er zijn demonstraties van diverse ambachten en exposities van traditionele kleding. We krijgen de kans om de werkplaatsen, de winkels, de boerenhuisjes en de stallen van binnen te bekijken, en als we weggaan, zijn we in vogelvlucht toch een stukje wijzer geworden.

Op weg naar Cardiff Bay bezichtigen we nog het Millennium Stadium, dat met zijn opvallende dak de stad beheerst. Het werd in 1999 gebouwd voor het wereldkampioenschap rugby en wat we nog niet weten: die nacht zullen we nauwelijks kunnen slapen door de herrie die door de fanclubs geproduceerd wordt. We pikken nog snel even de gezellige overdekte markt mee. Alles is daar aanwezig, van bakkerswaar en zuivel tot tafelkleden, speelgoed en hocus-pocuskruiden. Maar de markt blijkt toch vooral een ontmoetingsplaats voor de bewoners te zijn. Er wordt gedronken en gelachen, er wordt luidruchtig gepraat in de Welshe taal die voor ons van een volstrekt andere planeet lijkt te komen.

De verkiezing tot officiële hoofdstad van Wales in 1955 heeft Cardiff in een stroomversnelling gebracht. Overal kwamen nieuwe projecten van de grond. De dokken, die de Markies van Bute had laten bouwen en die niet meer worden gebruikt omdat de export van kolen stil is komen te liggen, ondergaan op dit moment een grondige facelift. Cardiff Bay is getransformeerd tot uitgaanscentrum en het kost ons dan ook geen enkele moeite om een plezierig visrestaurant met uitzicht op zee te vinden.

Daarna slenteren we nog wat op de boulevard van Penarth met zijn prachtige Victoriaanse pier om vervolgens de nacht door te brengen in een hemelbed in het chique Thistle Cardiff Hotel, een beetje met de gedachte dat wij de adellijke familie Bute zijn, hoewel wij ons verre van blasé voelen.

Op naar Swansea, de tweede stad van Wales, met zijn vele verwijzingen naar de havenactiviteiten van weleer; van toen de steenkool nog koning was en er op de kades grote handelsgebouwen verrezen. De industriële revolutie zorgde tot 1930 voor een te snelle groei en een bijbehorend chaotisch aanzicht van de stad. De economische crisis daarna en de grote verwoestingen die de *Luftwaffe* in de Tweede Wereldoorlog aanrichtte, deden er nog een schepje bovenop. De noodzakelijke grondige sanering van Swansea leidde ertoe dat de dichter Dylan Thomas zijn geboortestad omschreef als 'this sea-town was my world... this ugly, lovely town', zoals hij ook zijn dubbele mening gaf over Wales (wat ons betreft het mooiste land ter wereld): 'It is the land of my fathers. My fathers can keep it.' Als wij Thomas' petieterige geboortehuis bezoeken, dat in een kleurloze armoedebuurt staat van Swansea, begrijpen we iets van dat 'ugly'.

In Swansea is Thomas dichter geworden. Zoals hij zelf zegt: 'Hier ben ik verliefd geworden op woorden.' De eerste gedichtjes die hij leerde kennen waren bakerrijmpjes. Wat de woorden symboliseerden was van ondergeschikt belang, wat telde was '...hun klank, zoals ik ze voor het eerst hoorde uit de mond van onbegrijpelijke volwassenen. Het kon me niet schelen wat de woorden betekenden, ik gaf alleen om de klanken die echoden in mijn oren, ik gaf om de kleuren die de woorden achterlieten op mijn netvlies...'

Wij prijzen ons gelukkig dat er in het Maritiem Museum, ter gelegenheid van de vijftigste sterfdag van Thomas, een tentoonstelling aan hem is gewijd. Zo horen wij voor het eerst de dramatische, met de taal spelende stem van Thomas, die het prachtige gedicht Do not go gentle into that good night ten gehore brengt. Dit gedicht schreef Thomas voor zijn vader en hij las het hem toen hij stervende was continu voor.

DO NOT GO GENTLE INTO THAT GOOD NIGHT

Do not go gentle into that good night,
Old age should burn and rave at close of day;
Rage, rage against the dying of the light.

Though wise men at their end know dark is right,
Because their words had forked no lightning they
Do not go gentle into that good night.

Good men, the last wave by, crying how bright
Their frail deeds might have danced in a green bay,
Rage, rage against the dying of the light.

Wild men who caught and sang the sun in flight,
And learn, too late, they grieved it on its way,
Do not go gentle into that good night.

Grave men, near death, who see with blinding sight
Blind eyes could blaze like meteors and be gay,
Rage, rage against the dying of the light.

And you, my father, there on the sad height,
Curse, bless me now with your fierce tears, I pray.
Do not go gentle into that good night.
Rage, rage against the dying of the light.

ga niet gewillig binnen in die goede nacht,
wie oud is gloeie en raze als de avond valt;
raas, tier tegen de dood van het licht.

de wijzen mogen weten dat het duister goed is op het eind
– nooit schoot de bliksem van het woord tussen hun tanden –
ga niet gewillig binnen in die goede nacht.

goeden die bij de laatste golf schreeuwden hoe hel
hun broze daden in een zeearm hadden kunnen dansen,
raas, tier tegen de dood van het licht.

wilden, die de zon in haar vlucht zingende konden vangen
ervaren ál te laat dat zij slechts wolken joegen over haar:
ga niet gewillig binnen in die goede nacht.

ernstigen die, halfblind in het aanschijn van de dood
zien dat blinde ogen als meteoren blijmoedig kunnen laaien,
raas, tier tegen de dood van het licht.

en gij mijn vader, ginds op de barre hoogte,
uw trotse tranen zijn mijn kruis en zegen, dit is mijn gebed,
ga niet gewillig binnen in die goede nacht.
raas, tier tegen de dood van het licht.

We horen ook de stemmen van Liz Taylor en Richard Burton, die het stemmenspel *Under Milk Wood* spelen. En we kunnen ons dankzij een muurhoge fotocollage een beeld vormen van het onstuimige leven van de Welshe dichter en zijn aanbeden vrouw. Al heel jong trouwt Thomas Caitlin, maar zijn leven, dat door drank, vrouwen en geldgebrek ontregeld is, wordt er met Caitlin niet beter op. Ze sukkelen voort van dag tot dag, gaan samen naar de pub, worden samen dronken, rollen samen vechtend over de grond en maken samen schulden.

Maar gelukkig is de radio in opkomst. Thomas weet met zijn dramatische stem duizenden Britten aan de radio te kluisteren, en ook in het land trekt hij volle zalen met zijn 'rich fruity old port wine of a voice' (zijn stem als van oude, volle port). Zijn beroemdheid strekt zich zelfs uit tot Amerika, waar hij ook de bühne op gaat. Helaas echter putten de Amerikaanse tournees (en de drank!) hem dermate uit dat hij er letterlijk aan bezweek, nog geen veertig jaar oud.

Swansea is ook de poort van het schiereiland Gower. Rotsformaties, grotten, holen, lieflijk golvend achterland, gemoedelijke vissersdorpjes en warme stranden. We drinken koffie in The Mumbles, wandelen over het strand van Langland Bay en klauteren over de rotsen bij Three Cliffs Bay. Gower werd ons aangeprezen als *Area of outstanding Natural Beauty* en ja-o-ja, dat is zo.

We brengen de nacht door in Morgans Hotel. Alweer chic in hoge Victoriaanse kamers. Maar het kan ook anders in Wales. Op weg naar de National Botanic Garden in Llanarthne, met zijn futuristisch ogende plantenkas, zien we veel borden met B&B, en intussen ben ik ook in het bezit van een gids die in het hele land tegen een redelijke prijs cottages aanprijst. Dat biedt perspectieven, vooral nu we het legendarische *Boathouse* hebben gezien, waarin Dylan Thomas zijn laatste levensjaren doorbracht. Het huis, dat nu een museumpje is, ligt aan een riviermonding in het stadje Laugharne dat model heeft gestaan voor *Under Milk Wood* en naar zo'n stad wil een mens nog eens terug. Thomas schreef zijn stemmenspel in het kleine schuurtje dat tegen de rots is opgebouwd. Het is gerestaureerd, maar het interieur is gelaten zoals het was. Door de raampjes kunnen we de proppen papier op de grond zien liggen en Dylans vertwijfeling valt te raden.

Carmarthen is een oud stadje waar we heerlijk kunnen rond-scharrelen in het rommelige centrum om daarna neer te strijken in de tearoom van het plaatselijke bakkertje.

We krijgen *a cup of tea and a piece of cake* voorgezet. *A piece of cake,* zo verrukkelijk dat ik mijn complimenten niet voor me kan houden. De bakkersdame neemt ze glimlachend in ontvangst en wijst naar het bordje 'Hofleverancier' dat aan de muur hangt. Dat bordje slaat op de cake, vertelt ze. Het verhaal van de cake wil ze ook wel aan ons kwijt, want ze voelt instinctief dat wij de tijd hebben voor elk verhaal. Welnu. Een jaar geleden stuurde ze prins Charles een van haar beroemde cakes. Prins Charles be-dankte haar persoonlijk en zei dat hij nog nooit van zijn leven zo'n lekkere cake had gegeten en vroeg haar vervolgens of zij het recept van de cake aan zijn lijfkok wilde afstaan. Maar dat wilde de bakkersdame niet. Haar recept was haar geheim. Ze was wel bereid om iedere week een aantal cakes te bakken speciaal voor prins Charles. En dat deed ze. Ze was slim genoeg om de cakes 'Prince Charles' cakes' te noemen, waarna haar winkeltje het predikaat 'Hofleverancier' mocht voeren. En zo werd de bak-kersvrouw van de ene dag op de andere een beroemdheid in Wales.

Tenby is onze volgende stop. Het heeft een schattig haventje met pastelkleurige huizen en een historische binnenstad met een bonte verzameling van eethuisjes, pubs en uitpuilende win-keltjes, en dat alles omringd door een middeleeuwse muur. On-der aan die muur gaan wij aan de echte *Welsh tea* met alles erop en eraan om daarna het St. Brides Hotel op te zoeken aan de halve-maanvormige, charmante St. Brides Bay. Hier laten we ons twee dagen verschrikkelijk verwennen – het verhaal begint decadent te worden – en tegelijkertijd wordt dit hotel ons uitgangspunt voor allerlei activiteiten. We trekken de wandelschoenen aan en lopen een flink aantal kilometers van het beroemde Pembrokeshire Coast Path, dat zich over de rotsen slingert, hoog boven de vele baaien met prachtige, witte zandstranden. Het is stijgen en dalen over smalle weggetjes met wegschietende stenen (en dus voeten). Dan weer een stuk over het strand, schoenen uit, lekker door het water sloffen. Dan weer over weilanden met ons aangapende schapen en met de zilte smaak van de zeewind nog in de mond, snuiven we de zoete geur van de brem diep in ons op.

De volgende dag gaan we naar St. Davids, genoemd naar de patroonheilige van Wales, het kleinste stadje van Great Britain dat de volledige status van stad verworven heeft. Het dorpse stadje op zich is al een middeleeuws juweel, rust alom, maar aan de kathedraal – de grootste van het prinsdom – en aan de ruïne van het aangrenzende bisschoppelijke paleis, die wonderbaarlijk genoeg niet op een heuvel maar in het dal liggen, kunnen we ons werkelijk de hele middag vergapen.

'Why not take a visit to Carreg Cennen Castle?' vraagt de reisgids ons, en ja, why not. Op onze route naar Hay-on-Wye, het tweedehands boekenstadje in Oost-Wales, komen we er toch langs. Van veraf zien we de majestueuze ruïne van Carreg Cennen al op een heuvel liggen. De landerijen met vooral witte paarden met zwarte veulens (waar is die zwarte hengst die dat op zijn geweten heeft?) plooien zich gewillig eromheen, en via smalle weggetjes met aan weerszijden hoge heggen zoeken we ons bijna op de tast een weg naar de top. Pardoes rijden we het erf op van een koffieboerderijtje dat bij de ruïne hoort. Een zekere Bernett komt ons met open armen tegemoet – we zijn kennelijk de eerste klant in tijden – wijst ons een tafel in de tuin en brengt dan koffie met een zelfgemaakte applepie. We krijgen al spoedig gezelschap van de menagerie, bestaande uit een gans, twee zeer grote kippen, een nog grotere arrogant kijkende haan, wat eenden en een waardige pauw. Ze komen lief bij ons bedelen, alleen de pauw ontpopt zich tot een hitsig mannetje met wel wat anders aan zijn hoofd dan taart. Hij spreidt zijn prachtige verendos tot een waaier waarmee hij de haan van ons af een hoek in drijft. De haan wordt zijn lustobject en ziet dat helemaal niet zitten en kukelt wat af, maar het geklepper van de pauw is zo angstaanjagend dat hij in zijn hoekje blijft. Ach, wist die haan maar dat die pauw er met zijn donzen kontje, dat hij naar ons heeft toegekeerd, zo aandoenlijk uitziet. Dit herderstafereeltje charmeert ons zo, dat we besluiten de ruïne de ruïne te laten, we bestellen nog een koffie en nog een *applepie*, die we genereus aan het beestenspul voeren.

In The Swan at Hay Hotel blijven we twee nachten. Dat mag ook wel, want één volle dag besteden we al aan het doorsnuffelen van de duizenden tweedehands boeken, die niet alleen uit alle winkeltjes puilen, maar die bovendien op straat staan opgeslagen in boekenkasten tegen afbrokkelende muren. Alles kan en alles leest daar in Hay-on-Wye. Wij hebben nog steeds mooi weer; hoe moet dat als het hier regent, vraag ik. Dan hebben ze markiezen en schermen, en er bestaan toch zeker ook nog paraplu's, bij regen gaat de hele handel gewoon verder. Hay-on-Wye is niet voor niets de tweedehands-boekenhoofdstad van de wereld. Bovendien kunnen al die bibliofielen volop genieten van het middeleeuwse decor dat het stadje hen biedt.

De tweede dag gebruiken we om de schoonheid en de stilte van het Brecon Beacons National Park al wandelend te ondergaan. Uren in eenzaamheid wandelen door borstelig weiland en langs kleine meertjes. Schapen lopen hele stukken met ons mee. Er zijn eindeloze verten. Bomen staan schitterend in bloei, vooral de witte meidoorns – die trouwens heel Wales versieren als toefjes slagroom op een taart – en ook hier is de gele brem de leverancier van de weeë zoete lucht. Het zijn ook de eenzame bomen die ons boeien. Bomen die door de ruimte de kans hebben gekregen zelf hun natuurlijke vorm te vinden, misschien een beetje geholpen door de wind. Plotseling staan we oog in oog met een wel zeer bijzonder gevormde boom. Moderne kunst is er niets bij. Bij nadere inspectie ontdekken we een inkerving in de bast. Geen hart met een pijl en de namen van twee gelieven, maar het jaartal 1881 – het geboortejaar van Picasso, diep ik uit mijn geheugen – én de signatuur van de schilder, alsof iemand heeft willen onderstrepen dat deze wonderlijke boom een kunstwerk is, ontsproten aan het brein van de grote meester.

De volgende dag wandelen we eerst in de omgeving van Hay Bluff, een schitterend heuvelgebied met panorama's die ons naar hoger sferen voeren. Daarna rijden we door naar Crickowell, dat in het brede dal van de Usk simpelweg mooi ligt te zijn. Een oude boogbrug, een historische herberg, waar we buiten, tussen alle levendigheid, onze lunch gebruiken, Gregoriaanse huizen en nauwe straatjes met druk bezochte winkeltjes. In een daarvan koop ik een aantal 'love-spoons', die ik thuis aan mijn dierbaren wil schenken. Het zijn houten lepeltjes met een betekenisvol vignet op de steel. Een soort tegeltjeswijsheid op z'n Welsh. Het is sinds mensenheugenis de gewoonte om elkaar bij wijze van vriendschap en goede wil zo'n lepeltje te schenken.

We moeten ons haasten, we hebben alleen deze dag en we willen nog zoveel. We wandelen eerst een uurtje langs de bloeiende wallenkanten van het Monmouthshire and Brecon Canal, dat eens is gegraven om de steenkool te vervoeren en nu een speeltje voor toeristen is. Een stroom langwerpige boten – narrowboats – vaart ons tegemoet. Ik krijg een heimwee Pipo de Clown en Mammaloe-gevoel en zwaai hartelijk naar een van de schippers die bezig is een ligplaats te zoeken. Hij nodigt ons uit om aan boord te komen en even zijn varende woonwagen te bekijken en wij grijpen zijn aanbod verheugd aan. De narrowboat blijkt vijftien meter lang te zijn en twee meter breed, niet zo groot dus, maar de binnenruimte valt toch mee. Alles is aanwezig om de reis comfortabel te maken: een oven (die de lucht prijsgeeft van een *applepie* die door de vrouw van de schipper – met professioneel schort voor – wordt gebakken), een magnetron, een koelkast, televisie, kacheltje, grote watertank, en als een deur geopend wordt een wastafel, toilet en douche. Helaas is het bed maar honderddertig centimeter breed, en dat betekent voor het lijvige echtpaar dat ze lepeltjesgewijs de nacht moeten doorbrengen, maar dat vertellen ze ons met een lach. Een maandlang vaart de familie met vijf mijl per uur door het Welshe landschap, onder rustieke bruggetjes door, vaak begeleid door ganzen en eenden die op brood azen en omdat er geen sluiswachters zijn, zelf de sluizen bedienend. Dat laatste is nog een riskante zaak ook, want de breedte van de sluizen is nauwelijks meer dan die van de boten, de ruimte tussen wal en schip bedraagt soms niet meer dan tien centimeter aan elke kant.

In het dorp Blaenavon zijn de jaren vijftig nooit opgehouden. Het mijnwerkersstadje staat op de werelderfgoedlijst vanwege de Big Pit, de steenkoolmijn die in 1980 sloot en die nu dienst doet als museum. Wij melden ons voor een tocht door de mijngangen, worden uitgedost met een mijnwerkershelm inclusief koplamp en krijgen een riem om met een batterij. Met de lift gaan we negentig meter naar beneden. Het is daar vochtig en koel en als we de lamp even uitdoen, aardedonker. Als we bukkend achter de gids aan lopen – natuurlijk rammen we een paar maal met onze mijnwerkershelm tegen een balk – vertelt hij ons over de arbeidsomstandigheden in de mijn. Het was in de negentiende eeuw heel gewoon dat ook kinderen werden ingezet, onder andere voor het open- en dichtdoen van de ventilatiedeuren. Zij stonden daar doorgaans in het pikkedonker omdat hun kaarsen door de eeuwige tocht werden uitgeblazen; het is dus makkelijk voor te stellen hoe bang die arme schapen geweest moeten zijn. Ook paarden, getuige de ondergrondse paardenstallen, kregen een zware taak. Anderhalf jaar oud daalden ze de mijn in om nooit meer boven te komen. Ze werden veroordeeld tot het trekken van de wagens met steenkool, tot ze er na tien jaar, kromgegroeid door de reumatiek, dood bij neervielen.

Ons laatste hotel staat recht tegenover de ruïne van de twaalfde-eeuwse Tintern Abbey. Door de ligging van dat klooster in het serene landschap en de gratie van de nog aanwezige ramen, wanen we ons in een tijdloos paradijs. Men zegt dat de Abbey een grote trekpleister is voor toeristen, maar als wij er komen staat er slechts een koe te grazen in de weide rond de Abbey en het is net of hij daar is neergezet om het evenwicht te herstellen. Geen hogere sferen meer. We moeten net als hij weer met beide benen op de grond. De maag knort. Het is *dinner time*. We gaan lekker eten en lekker een wijntje drinken. En dan rozig naar bed. En morgen terug naar huis om aan de onzen love-spoons uit te delen.

# Noord-Wales

We zijn weer met z'n vieren op pad. En nu in Noord-Wales, waar de eeuwen ons liefdevol omarmen. Noord-Wales in mei biedt alles waar we van houden. We houden van wandelen door glooiend landschap en over ruig gesteente. Van sluipen door mystieke tuinen en slenteren door historische stadjes die bol staan van de legendes. Van vergezichten en machtige, eeuwenoude kastelen en zware luchten die de kastelen nóg machtiger maken. Van dreigende ruïnes, Tudor-huizen en lieflijke cottages en schapen met lammetjes, kwistig over de heuvels gestrooid. Van nevelslierten die voortjagen en rookpluimen uit schoorstenen in het dal. En van al die duizenden kleuren groen. Van regen en toch nog wat zon. Van al die gekke Welshe namen en die vriendelijke, getaande mensen. En van de zwarte leisteengroeven en de rode stoomtreinen die het landschap opvrolijken en terugbrengen naar toen. We houden van de sombere meren, de woedende rivieren en de springerige beekjes. Van de pastelkleurige tearooms met *scones, cream* en *marmalade*. Van het vochtige mos en de geheimzinnige zich in alle bochten wringende bomen. Dit alles is Noord-Wales en dan is er ook nog de zee, kind van de oergod, die zich bij eb bescheiden terugtrekt en ons met gulle hand de stranden schenkt. Noord-Wales, vanaf het eerste moment voelen we ons thuis in dit land.

Om met de legenden te beginnen: er wordt beweerd dat de oorsprong van de Arthurlegenden in Wales ligt en dat het stadje Llangollen de thuisbasis is van koning Arthur, koningin Guinevere en de Heilige Graal. Ook het bolwerk van Merlijn de Tovenaar schijnt zich in Wales te bevinden. En dan zijn er nog de vele prinsen, ridders en bovennatuurlijke wezens die de fabels bevolken. Zij zijn geboren uit een mengeling van fantasie en historische gebeurtenissen. Natuurlijk is er ook een rol weggelegd voor de Keltische voorouders die hun magische verhalen mondeling hebben doorgegeven. En voor het landschap met zijn grillig gevormde rotsen, want daarin konden makkelijk draken en monsters worden gezien, en dat helpt natuurlijk bij het verzinnen van verhalen.

In Holywell (het eerste stadje dat we na onze landing in Liverpool aandoen) worden we geconfronteerd met een van de 'Zeven Wonderen van Wales'. Nu ben ik altijd direct te vangen voor wonderen. Mijn Indische moeder heeft mij al vroeg bij het bovennatuurlijke betrokken. Geesten hoorden er bij ons helemaal bij, ze huisden gezellig tussen de luchtwortels van de waringinbomen en ze kregen zelfs namen. Meestal de namen van ooms die aan de vreselijkste ziekten waren overleden. Mijn gezelschap bestaat echter uit echte Hollanders met de benen stevig op de grond, wat moeten zij nu met de 'Zeven Wonderen van Wales'? Toch laten ze zich net als ik direct meevoeren door de legende van St. Winefred, die in de zevende eeuw met het zwaard werd gedood en door een heilige weer tot leven werd gewekt. Spontaan ontsprong op die plek een bron, St. Winefreds Well, waaruit – getuige de vele achtergelaten krukken – geneeskrachtig water ontspringt. De plek groeide uit tot een pelgrimsoord, een klein Lourdes.

Als we bij de bron staan, vult een oud krakkemikkig vrouwtje een aantal flesjes met het heilige water. Ze biedt mij vriendelijk een flesje aan. 'Drink maar,' zegt ze, 'het helpt echt, vooral als het aangeboden wordt.' Ik drink met overgave terwijl zij me, wachtend op een wonder, van top tot teen bekijkt.

Op weg naar ons hotel in Conwy, The Castle Hotel, in de vijftiende eeuw al een herberg, komen we langs de badplaats Llandudno. We verlustigen ons daar aan de promenade langs de licht gebogen zeekant met zijn Victoriaanse huizen in wit en pastel. Dat blijken voornamelijk hotels en guesthouses te zijn, die statig, elegant en stijlvol lonken naar de chique pootjebader.

In het aangrenzende dorpje Deganwy verliezen we ogenblikkelijk ons hart aan de Station Road, een kleurrijke straat met een aaneenschakeling van bric-à-bracwinkeltjes, taartwinkels en wat al niet meer. Er is zelfs een tweedehands dameshoedenwinkel met onwaarschijnlijk grote hoeden die onze Majesteit en haar gevolg zouden doen watertanden. Maar het mooiste winkeltje is 'Café T Air', een elegante Victoriaanse tearoom, waar we in een minuscuul kamertje aan een minuscuul tafeltje, geflankeerd door zware roodfluwelen gordijnen, onze *afternoon tea* gaan gebruiken. We laten ons bedienen door een spraakzame heer die ons zijn *homemade scones with ginger, cream and marmalade* laat proeven. Eerst legt hij ons dommeriken uit hoeveel soorten marmelade hij wel in huis heeft. Hij showt ons zijn verzameling potjes: Mackays whiskymarmelade, Dundee marmelade en Macallan en Glenfarclas single malt whisky marmelade. Daarna volgt het proeven. Hij blijft naast ons staan om onze gezichten te bestuderen. Mmm! Verrukkelijk! roepen we uit met half geloken ogen. We nemen nóg een scone en nóg een en vooruit maar, ook nog maar *one for the road* en de heer is tevreden.

Als we Conwy naderen hebben we een prachtig zicht op het machtige kasteel dat Edward I tegen het einde van de dertiende eeuw liet bouwen aan de oever van de Conwy. Daar was een heel geharrewar van oorlogvoeren aan voorafgegaan. In vogelvlucht:

de Romeinen zwaaiden tot het jaar duizend de scepter in Wales, de soldaten bouwden forten en wegen, de Noormannen vielen het land binnen omstreeks het jaar duizend en ook zij bouwden kastelen als een symbool van macht. Pas in de dertiende eeuw kreeg Wales de kans een eigen natie te worden. Er werden nog meer kastelen gebouwd en opperheer Llwelyn werd de eerste Prince of Wales. Maar tevens ook de laatste, want al spoedig werd Wales door de Engelse monarch Edward I aan de ketting gelegd. Met een keten van kastelen heerste Edward I over Wales en voor-al Conwy Castle, misschien wel het indrukwekkendste kasteel, moest dienen als symbool van de Engelse militaire onderdruk-king. Van die symboolfunctie is nu weinig over.

Toeristen – wij niet uitgezonderd – vergapen zich nu aan de ruïnes, de zware muren en acht torens, die zich als donker ge-steente aftekenen tegen de Snowdonia skyline, en de plaatselijke bevolking gebruikt Conwy Castle simpelweg als achtergrond voor bruidsfoto's. Van dat laatste zijn wij ongewild getuige. We bevinden ons plotseling te midden van een bruidsstoet, die door de bruidsfotograaf tegen een ruïneformatie wordt gedrapeerd, en we worden en passant als franje meegenomen. Wij hebben het misverstand niet zo snel in de gaten en het bruidsgezelschap ook niet, zodat de eerste foto's zeker voor een verrassing zullen zorgen, Lous bevindt zich namelijk in haar trekkerskloffie tus-sen de opgedirkte bruidsdames op de tweede rij en ik gluur een rij achter haar breed lachend met rechtovereindstaand kapsel – de wind giert altijd door die ruïnes heen – tussen twee bolle whiskyhoofden door.

Conwy biedt echter nog meer. Het oude stadsdeel wordt om-geven door een ring van stadswallen met tweeëntwintig hoef-ijzertorens en drie toegangspoorten. Tijdens een wandeling over die wallen hebben wij een schitterend zicht op de omgeving: het natuurreservaat Snowdonia, de zee en alle historische gebouwen binnen de muren. Sommige vereren we met een bezoek.

*The Smallest House in Britain* bijvoorbeeld, (1,8 m bij 2,5 meter, we kunnen er niet eens met z'n vieren tegelijk in), St. Mary's Church met het oude kerkhof, het 'Aberconwy House', een veertiende-eeuwse koopmanswoning in vakwerkstijl die is ingericht als museum, en het Teapot Museum, een schattig, piepklein museumpje met wel duizend theepotjes uit de hele wereld.

Voor Bodnant Garden, een van de mooiste tuinen ter wereld, even boven de Conwy rivier, trekken we een hele middag uit. De tuin is tweeëndertig hectaren groot en bestaat uit twee delen. Het hoge deel met de terrastuinen ligt rond het landhuis en het lage deel, 'The Dell', is de vallei van een zijtak van de Conwy rivier. Hier is de wilde tuin te vinden en staan ook de enorme bomen – sequoia's – die eind achttiende eeuw geplant zijn. We boffen, want – hoewel we voor de camelia's en de magnolia's te laat zijn – alle rododendrons en azalea's staan in vuur en vlam. In aanbidding en op doodstille voetjes schuifelen wij voort over bruggetjes en paadjes, heuvel op, heuvel af, begeleid door geluiden van stromend water en watervalletjes en toegezongen door een koor van allerhande vogels. Ach, zou wellicht hier het paradijs gelegen hebben?

Op weg naar Penrhyn Castle komen we in Bangor, de grootste stad van het westen van Noord-Wales. De kathedraal vraagt meteen de aandacht, maar het is vooral de tuin die ons boeit. Het is een zogenaamde Bible Garden. Bomen, struiken en planten die in de bijbel worden genoemd, zijn in deze tuin samengebracht, voorzover ze tenminste het Welshe klimaat kunnen verdragen.

Even ten noorden van Bangor ligt het negentiende-eeuwse Penrhyn Castle. Het is een nepkasteel in neo-Normandische stijl. Het is maar goed dat het regent als we daarin ronddolen, want kijkend door de grote ramen van dit immense kasteel naar dat druipende, nevelige, Victoriaanse landschapspark, voelen we des te meer de romantische sfeer die er binnen heerst. Glas-in-loodvensters zorgen voor gezeefd licht en er is grote intimiteit door de fluwelen gordijnen, de Axminstertapijten, de gebeeldhouwde schouwen en het rijk versierde pleisterwerk van de plafonds.

Het kasteel werd gebouwd voor Richard Pennant, de eerste baron Penrhyn, eigenaar van de naburige Bethesda-leisteengroeven. In alle gangen, trappenhuizen en kamers – driehonderd in totaal – hangen familieportretten en schilderijen van oude meesters; na de collectie van het Nationale Museum is dit de mooiste schilderijencollectie in Wales. Als we alles hebben bekeken, komen we in het domein van de dienstboden. Twaalf Victoriaanse keukens die voor het publiek zijn opengesteld. Op de lange keukentafels staan de schalen met neplekkernijen en nepgerechten. Ooit heeft koningin Victoria tijdens een logeerpartij van al die – maar dan échte – heerlijkheden mogen proeven.

We reizen verder, naar Caernarfon, waar alweer een *Edwardian castle* op ons wacht. Een kasteel van grote allure, het symbool van de Engelse overheersing. Na de dood van de laatste Prince of Wales besloot Edward I van Engeland in 1301 de vacante titel aan zijn oudste zoon te geven. Deze traditie bestaat nog steeds. De huidige troonopvolger, prins Charles, werd in 1969 binnen de muren van Caernarfon Castle door zijn moeder ingehuldigd, een ceremonie die op film is vastgelegd en aan ons wordt vertoond. En zo zien wij een prille prins, knielend voor zijn moeder en angstig omhoog kijkend naar de kroon die zijn moeder als een zwaard boven zijn hoofd houdt.

Met als uitvalsbasis The Celtic Royal Hotel (Royal, want iedereen snoept natuurlijk een beetje van die kroning mee) gaan we op avontuur in het National Park Snowdonia. Van Llanberis – een stadje in het hart van het park – laten we ons met het stoomtreintje naar de duizend meter hoge top van de Snowdon brengen. Althans, dat is de bedoeling, maar halverwege stopt het treintje. De wind is inmiddels tot een ware storm uitgegroeid en het tweede deel van de tocht, door het kale gebergte, is te riskant; straks wordt het treintje nog omgeblazen. Dus tuffen we terug en dus trekken we de stoute (berg)schoenen aan en beklimmen we de Snowdon maar zelf. Nou ja, niet helemaal, maar we komen een eind. We zijn vooral ademloos door de immense schoonheid van het steeds van kleur wisselende berglandschap, maar we zien ook hoe door het delven van leisteen het gebergte op vele plaatsen ernstig is aangetast. Dat wekt onze belangstelling voor de geschiedenis van de 'leisteentijd'. Daarom gaan we in Llanberis naar het Welsh Slate (leisteen) Museum, gevestigd in de oude, in 1969 gesloten fabriek. We krijgen een kijkje in het harde en riskante bestaan van de leisteenarbeiders, en we bezichtigen de petieterige huisjes, waarin de arbeidersgezinnen hebben moeten leven, bovenop elkaar en verstoken van elke vorm van comfort.

In schril contrast met alles wat we in het Slate Museum aan armoede hebben gezien, staat de popperige luxe van onze volgende pleisterplaats: Portmeirion. We worden een beetje lacherig van het Disney-achtige suikerdorp dat daar geschapen is. Maar toch, na een poosje krijgen we sympathie voor Clough William Ellis, de architect-fantast die Portmeirion ontwierp en die ooit een jongensdroom had: op een romantisch plekje aan de kust het ideale dorp bouwen zonder de natuurlijke omgeving – de bossen eromheen – op te offeren. En inderdaad, de Gwyllt Woodlands met zijn zeldzame en exotische planten bleven behouden, terwijl Portmeirion in alle pasteltinten en versierd door protserige zuilen, fonteinen en beelden werd opgetrokken naar het voorbeeld van het Italiaanse Portofino. Onze sympathie zwelt nog verder aan als we in de namiddag een wandeling maken door de Woodlands. Sprookjesachtige plekken openbaren zich aan ons. De aarde is op vele plaatsen rood gekleurd door de afgevallen bloemen van de rododendrons en met mos begroeide reuzenbomen wringen zich in alle bochten. En ach, op een serene plaats in het bos staan we plotseling oog in oog met een twintigtal grafjes, door rotsstenen afgebakend. Op de kleine zerken lezen we de namen van al die geliefde hondjes die hier ter ruste zijn gelegd. 'ROGER 1984-1998. *Our dear loving friend who loved these woods. His bright spirit will be sadly missed.*' En zowaar, er prijkt op een van de zerkjes een foto van Queenie, een ladylike, witwollig hondje, dat toch al zeven jaar geleden het aardse vaarwel heeft gezegd maar dat nog steeds in het hart van haar baasje voortleeft, getuige de verse bloemen die op haar grafje liggen. Wij pinken een traantje weg. Wie zou dat niet doen?

De volgende dag kijken we wat in de omgeving rond. Eerst gaan we naar Beddgelert, een schattig bergdorpje aan een woest stromende rivier met een Romeinse brug en met alweer een graf van een hond. De hond Gelert, die – zo zegt de legende – ten onrechte door zijn baas, de eerste Prince of Wales, werd gedood omdat hij zijn zoon niet tegen een wolf beschermd zou hebben, wat nu juist wél het geval was.

In ieder geval heeft het Beddgelert geen windeieren gelegd: er is nu een mooi praalgraf en dat trekt heel wat toeristen. We toeren nog even over het schiereiland Lleyn. We beginnen in Criccieth, een badplaatsje dat schitterend gelegen is aan Cardigan Bay. Via verschillende kleine dorpjes komen we in Aberdaron op de uiterste punt van het schiereiland. Het is het meest Welshe dorp van Lleyn, zegt men. Hier is het stil, rustiek en onbedorven. Het is bij uitstek een plek om de auto te verlaten en met de kop in de wind langs de kust te lopen.

In het smalle, langgerekte dal van de rivier Dee, ligt ons volgende doel: het beeldschone plaatsje Llangollen. In juli is hier een jaarlijks muziekfestival met duizenden deelnemers en bezoekers. Maar wij zijn er in mei; voor ons dus de keuze tussen vissen, wildwaterkanovaren, een rit met de Steam Railway, een tocht per trekschuit of narrowboat, wandelen of gewoon genieten van de rust. Wandelen lijkt ons wel wat, en zo komen wij plompverloren terecht in het dorpje Carroc, alweer aan een woeste rivier gelegen en alweer met een Romeinse brug. Pittoresker kan bijna niet. Voor een van de huisjes treffen we een mevrouw met veertien Pim Fortuyn-hondjes. Speciaal voor de beestjes heeft ze een balkon met spijlen aan haar huis laten zetten. Het geheel ziet eruit als een robuuste kinderbox en wij mogen meemaken dat mevrouw haar beweeglijke hondjes de box in kiepert. Ze steken meteen hun kopjes door de spijlen en keffen ons toe. Een ongelooflijke herrie. Dat doen ze altijd als er iemand langskomt, zegt mevrouw. Komen er veel mensen langs, vragen wij. Nee hoor, zegt ze, want toeristen zijn hier niet en de dichtstbijzijnde buur woont een kilometer verderop.

Verder wandelend kruisen we een kanaal, waarin een lange narrowboat dobbert. Tóch een toerist. Een Amerikaan die de boot gehuurd heeft en hem niet weet te hanteren. Wij hangen over een brugleuning en zien hoe de man doorlopend op de kant afstuurt, om op het laatste nippertje weer in een rechte lijn te komen. Zenuwslopend gewoon, zowel voor de man als voor ons. Wij geven wat raadgevingen, lopen langs de kant nog wat met hem mee en wensen hem ten slotte behouden thuiskomst. Zigzaggend verdwijnt onze toerist met zijn bootje in de verte.

Wat een schoonheid, wat een mooi land! Intussen zijn wij aangekomen in het dorp Glyndyfrdwy. Van de Welshe taal worden we wel een beetje gek. Zo is er een dorp met de naam Llanfairpwllgwyngyllgogerychwyrndrobwllllantysiliogogogoch. Dat schijnt te betekenen: 'de kerk van St. Mary in het dal van de witte hazelaar, dicht bij de snelle draaikolk van de rode grot van St. Tysilio'. Gelukkig korten ze de hele handel af tot Llanfair.

In Glyndyfrdwy ontmoeten we Eos Griffiths. Eerst zien we zijn huis, dat hij heeft versierd met aluminium vlinders, tien tot twintig maal zo groot als de werkelijkheid. Hij heeft ze beschilderd naar natuurlijke voorbeelden. Vlinders van over de hele wereld kleven tegen zijn muur. Eos is al net zo beweeglijk en vriendelijk als zijn vlinders. Hij vertelt ons dat hij zo'n twintig jaar geleden, toen hij nog in Nieuw-Zeeland woonde, met zijn kleurrijke hobby is begonnen. Nu weet iedereen in Wales – en ook ver daarbuiten – wie hij is: *The Butterfly Man from* Glyndyfrdwy. Ik ben zo gecharmeerd van Eos' vlinders, dat ik voor ieder kleinkind één mee naar huis neem, en als ik even later in een winkeltje waar uitsluitend sprookjesfiguren en tuinkabouters te koop zijn, ook nog de hand weet te leggen op een serie *kitchen-fairies* (elfjes die in de keuken helpen met het bereiden van vruchtentaartjes en al doende op vruchtentaartjes zijn gaan lijken) dan weet ik dat ik in ieder geval met typisch Welshe souvenirs thuiskom.

Llangollen ligt lui aan de oevers van de rivier de Dee. Hangend over de muur van de veertiende-eeuwse brug over de Dee kunnen we het leven in het stadje van bovenaf bezien. Het valt op dat niemand gehaast is. Mensen staan in groepjes te praten en te lachen. Zelfs op het station – waar de tijd is blijven stilstaan – heeft niemand haast. Er wordt rustig gewacht tot de locomotief stoom heeft afgeblazen. Er wordt gerangeerd met authentiek getjoeketjoek. Een handjevol mensen mag instappen en de fluit klinkt schril over het perron. Elk moment verwachten we iemand in Victoriaanse kleding. Later op de dag worden we op onze wenken bediend. Dan bezoeken we The Victorian School, in een oud schoolgebouwtje in de Parade Street. Het is een wonderbaarlijk museumpje dat ons inzicht geeft in het schoolleven van het Victoriaanse kind. Er is een origineel schoollokaaltje dat plaats biedt aan vijftig leerlingen. Leien en griffels, inktpotten, pennendozen en lessenaartjes, kapstokken in de gang met hoeden en mutsen voeren ons terug naar de discipline van de Victoriaanse tijd, toen de hoofdmeester het nog de gewoonste zaak vond om de rotting te hanteren.

En dan is ons weekje voorbij. We groeten Noord-Wales, dat we voor eeuwig in ons hart hebben gesloten, en we beloven terug te komen, eens, ooit. Ons vliegtuig wacht in Liverpool, maar onze stop in Chester – net over de grens van Wales in Engeland – geeft ons de gelegenheid om nog een klein beetje de unieke charme van die stad in te ademen. We bezoeken de kathedraal waar Händel in 1742 de eerste opvoering gaf van zijn *Messiah* en we flaneren in de middeleeuwse winkelgalerijen in Watergate Street, Eastgate Street en Bridge Street. Op het kruispunt van deze straten – The Cross – treffen wij toevallig de stadsomroeper aan, die in kledij gestoken, in de zomer, dagelijks klokke twaalf, de goegemeente op de hoogte brengt van de allerlaatste nieuwtjes.

# Guernsey

Guernsey. Ooit waren wij er in de lente, mijn echtgenoot Rob en ik. Het eiland was blauw van de hyacinten en zoet-geel van de brem. Het licht was breekbaar en veelbelovend. Schone stranden en beschutte baaitjes en kreekjes smaakten naar wier en zout. De lucht was helder en prikkelend, het zeewater turkoois en in de valleien dartelden bijtjes en vlinders. Wij verbonden ons paradijselijke weekje Guernsey aan museumbezoek in Parijs. Eerst de overzichtstentoonstelling van Monet in het oude station Quai D'Orsay (en omdat we toch in de buurt waren, ook maar even de tuinen van Monet). Daarna naar de kust, overnachten in St. Malo en de volgende morgen vroeg de oversteek naar Guernsey. Natuurlijk, het vliegtuig had ons in ruim een uur van Rotterdam naar Guernsey kunnen brengen, maar we kozen voor de omweg; die zou romantisch zijn, mede dankzij de tuinen van Monet, zo dachten wij, maar helaas, het liep minder romantisch dan gepland. Althans, de overtocht. De afgeladen boot legde aan in Jersey om de passagiers met die bestemming van boord te laten. Wij hingen nostalgisch over de reling, want in ons hoofd zitten de boottochten vanuit de Oost naar Holland nog stevig verankerd. Toen waren het vaak geliefden, die over de loopplank voor lange tijd uit ons leven verdwenen; deze keer waren het slechts passagiers, die zich haastig met hun koffers uit de voeten maakten. Maar de sfeer van de kade en de lucht van de zee deden hun werk. En dus stonden we daar een beetje te mijmeren en zagen we niet dat – op ons na – intussen alle passagiers van boord waren gegaan, simpelweg omdat het schip niet verder voer. Een man met een scheepstoeter kwam geagiteerd de hoek om rennen. Hij brulde ons toe dat het schip op het punt stond te vertrekken.

'Welk schip?' zo wilden wij weten.

'Uw schip. Uw schip naar Guernsey. Het ligt aan de andere kade. Snel... naar beneden, want het schip wacht niet en er gaat geen ander meer vandaag.'

We trokken onze bagage achter ons aan en volgden de man met de scheepstoeter, die zich af en toe omdraaide om ons in rap Frans toe te snauwen dat we de folder hadden moeten lezen en dat al die Hollanders hetzelfde waren. Toen we de hoek om kwamen, zagen we hoe 'ons schip' net van de kade loskwam. Mensen, over de reling hangend zoals wij even tevoren, zwaaiden en lachten naar ons. *So sorry... too late! You can play cricket now...*' en 'Now *you have time for a survival course my dear...*' De man met de scheepstoeter had iets anders voor ons in petto. Meekomen moesten we. Naar het kantoor. En daar kregen we te horen dat het schip zich precies aan de vertrektijden moest houden in verband met het tij, en dat we geluk hadden, want we konden meevliegen met een miniatuurvliegtuigje (vier plaatsen) dat ook naar Guernsey ging. En dat hebben we gedaan. Op de rug van windkracht zes. Schommelend en buitelend. Bij aankomst in Guernsey hadden we het liefst meteen een vliegticket willen kopen voor de thuisreis volgende zaterdag, maar onze auto stond in St. Malo, dus waren we wel verplicht de weg terug weer per boot te maken.

Toch, Guernsey blijft voor ons een eiland om op adem te komen. Om een weekje te vergeten dat de rest van de wereld jachtig en dubbelzinnig doordraait, elkaar met sms'jes bestookt en vastloopt in files. Een eiland om naar terug te keren, als het kan weer in de lente. En natuurlijk niet in de herfst, want dat is op z'n minst vragen om storm en regen.

Maar wij gaan wél in de herfst. En deze keer zijn we in gezelschap van onze vrienden Robert en Lous. We willen wandelen. Daar wandelen waar onze goede herinneringen zijn. En we kunnen niet op een ander moment. Met plastic regenjassen en opvouwbare paraplu's zijn we op het ergste voorbereid. Maar het lot is ons gunstig gezind en schenkt ons zon. Zeven dagen onomfloerste septemberzon. En stilte, vooral stilte. Nergens klinkt het geluid van een radio, of nog erger: autohousemuziek. De stranden worden alleen in het weekend door de plaatselijke gezinnetjes bezocht en de toeristen zijn voorzichtig over het eiland gestrooid. Van een kilometer afstand zitten ze Engels te zijn, met hun jaren-zestighoeden, badpakken, badmutsen met opgeplakte lovertjes en immense brillenglazen in hoornen monturen, en met als het enigszins kan een bordje *fish and chips* op schoot. En ook in ons o zo Engelse pensionnetje treffen wij gasten die de zusters van koningin Elisabeth konden zijn. (Engels mogen we niet meer zeggen van onze gastvrouw Eileen. Het is Brits, want Brits behelst alles, van Schotland tot Wales.)

Het eiland mag dan zeer Brits lijken, al heel gauw valt ons de Franse invloed op. De historie van Guernsey is maar ingewikkeld. Dan zijn het weer de Fransen en dan weer de Engelsen die de scepter zwaaien. De cottages hebben veel van de Franse boerenhuizen en boerderijen. Als we door iemand worden uitgenodigd om binnen een kijkje te nemen, zien we kobaltblauwe houten vloeren, zoals ik die ook in Franse boerderijen zag. De straat- en plaatsnamen zijn vaak Frans en ook de baai achter ons pension heet Petit Bôt, maar wordt weer Engels uitgesproken: Patty Bo, alsof hij vernoemd is naar een hippe popster of een hoge, heldhaftige D-Day-generaal. Generaal Sir Patty Bo, *Chief of the Imperial General Staff*.

Aan Petit Bôt heb ik mijn hart verpand. De weg ernaartoe is al een feest. Een bospad dat zich door hoog fluitenkruid slingert, brengt me nog voor het ontbijt bij een weilandje met een ezel. Het dier is ongewoon mensvriendelijk; zodra ik aankom, loopt hij hoofdschuddend naar het hek om vervolgens een eindje met me mee te kuieren. Als het pad afbuigt gaat hij weer terug en laat hij het prachtige uitzicht op zee aan mij over. Ik daal af naar het strand van Petit Bôt en ga daar een poosje alleen zitten. Om te luisteren naar de hartslag van het water. Om de wind te voelen met mijn ogen dicht en de schelpjes door mijn vingers te laten glijden. En om me kind te voelen, zodat ik plotseling opspring en met mijn vinger in het vochtige zand ga tekenen: een jubelend poppetje met vlaggetjes in beide handen, een dasstrikje onder de kin en een grote, lachende mond. Zo word ik door Roberts camera betrapt, want ook hij wilde nog voor het ontbijt de kleine baai aan zijn hart drukken.

Er is nog iemand die door Roberts camera wordt betrapt. Een man die een driepoot op het strand installeert. Er hoort een kastje met draden bij en ook nog een soort microfoon waarmee hij intrigerende bewegingen maakt. Ten slotte wordt mijn nieuwsgierigheid te groot en ik stap naar de man toe om te vragen wat hij toch aan het doen is. Hij is ambtenaar, zegt hij, en aan de toon begrijp ik dat hij zich een belangrijk man met een grote opdracht voelt. Hij is ambtenaar en hij meet al dertig jaar de radioactiviteit in alle baaien. Want je weet maar nooit met de Franse kust op nog geen vijftig kilometer afstand, zegt hij. En je weet ook maar nooit wat die Franse boten al niet overboord kieperen.

Als ik hem vraag of de UK- en de Guernsey-boten nooit iets overboord kieperen, zegt hij resoluut 'No'. En als ik vraag of zijn prachtkastje al eens een angstig geluidje heeft voortgebracht, een miniatuur waarschuwinkje bijvoorbeeld, wendt hij zich af. 'No,' zegt hij nu met een sneu neusje, en hij gaat stoïcijns verder met zijn ambtelijke, ijdele arbeid.

Onze eerste wandeling gaat over het *Cliff Path* dat zich hoog boven de baaien over de rotsen slingert. Het pad daalt en stijgt en is heel smal. Als ganzen lopen we uren achter elkaar aan. Borstelige heide schuurt langs onze benen. Overal bramen. Niet van die weeë, maar zongestoofde vruchtjes waaraan we ons ongegeneerd te goed doen. Ze zijn zuurzoet van smaak en vertellen ons het verhaal van hun zomer. Beneden ons zien we soms bootjes door de nevels tuffen. We worden bijna lyrisch door het september-licht dat het zeewater doet schitteren als verkreukeld aluminiumfolie en dat de bomen nog geluidlozer maakt dan ze al zijn.

Van de kust slingeren de laantjes naar een onbekommerd boerenland. Ze zijn zo smal dat de auto's regelmatig honderden meters achteruit moeten, naar de laatste inham, om de tegenligger te laten passeren. Links en rechts zien we boerderijen met 1706 en 1713 boven de deur, en struiken hortensia's en fuchsia's zo groot als seringenbomen. En cottages met rieten daken, dikke muren en kleine ramen. Maar ook schattige kleine huisjes, bedolven onder late petunia's en vlijtig liesjes. Het is het landschap van Bruintje Beer en zijn kornuiten Wimpie Das en de gebroeders Ko en Nijn. Zo staat er meer dan honderd kilometer wandelweg op ons te wachten. We zullen ze opdelen in beloopbare trajecten.

Vanuit de hoofdstad St. Peter Port nemen we de boot naar het eilandje Sark – veertig minuten varen – en ook daar valt veel te wandelen. Men noemt het eiland feodaal, omdat het bestuur nog altijd erfelijk overgaat op de Seigneur van Sark, die als enige op het eiland duiven mag houden. Maar alle andere privileges mogen we de onze noemen. We gaan een stukje met paard en wagen, want er geldt een algeheel verbod voor gemotoriseerd verkeer. We drinken thee met *scones, jam, cream, homemade-applepie en lobstersandwiches* in een originele *Tea Garden* met pitrieten stoelen op een onkruidloos grasveld. En natuurlijk met scharrelende kippen om ons heen. We huren fietsen en zwalken wat af. Ik realiseer me wat zo'n dag zonder verkeer met me doet. Ik heb slechts eenmaal opzij hoeven springen en wel voor een volgeladen kruiwagen. Als ik me ergens vrij voel, dan is het hier wel.

Op de boot terug komt de mist opzetten. De tol die we moeten betalen aan september. Maar de zon doet zijn uiterste best om terrein terug te winnen en daarom lijkt het alsof St. Peter Port, dat zich langzaam naar ons toe beweegt, verpakt is in cellofaan.

We hebben de smaak van de kleine eilandjes te pakken. De volgende dag nemen we de veerboot naar het bijkans nóg romantischer eiland Herm. Ik herinner me van de vorige keer het plezier dat ik daar beleefde aan de *puffins*, vogels die op kleine pinguïns lijken – ze zijn ongeveer zo groot als duiven – met als extra versiering een knalrode snavel die doet denken aan de dopneus van een clown. Een uur lang zat ik op een rots naar hun rots te kijken en ik heb me kostelijk vermaakt. Dat liep en vloog maar af en aan, maakte als Antwerpse viswijven ruzie met elkaar en schreeuwde elkaar doof. Een volledig uit de hand gelopen vogelhuishouding.

Puffins broeden in kolonies van april tot augustus. Ze leggen één ei dat door de ouders beurtelings wordt uitgebroed in zo'n vijfenveertig dagen, waarna er nog eens vijfenveertig dagen volgen waarin de ouders al ruziënd met de andere ouders, het steeds vadsiger wordende jong, met vis volstoppen. En dat is bijzonder koddig om te zien omdat het bijna menselijk gedrag is en dus clownesk; de puffins hadden die dopneus niet eens nodig.

Als we nu aankomen bij de puffinrots is hij leeg. Natuurlijk, het is september, de puffins hebben hun koffers gepakt. Hollekidé, weg naar het zuiden. Maar er zijn nog wél schelpen, troost de veerbootkapitein. En die worden speciaal voor de toeristen door de warme golfstroom op de *Shell Beach* neergelegd. En er is een prachtig natuurgebied – alweer zonder verkeer – dat zich voor ons opent en ons drie uur wandelen biedt dwars door weilanden, bosschages en duinen.

Terug in St. Peter Port besluiten we in een restaurantje aan de haven een late lunch te gebruiken. Ik kies voor een wortelsoufflé, een zo goede keuze, dat ik me in alle bochten wring om het recept van de eigenaar los te krijgen. Natuurlijk wil hij me dat niet geven, maar dan pas ik de truc toe die me al vele malen een recept heeft opgeleverd. Ik pak mijn opnameapparatuur en installeer de microfoon. Of ik meneer de eigenaar dan misschien mag interviewen. Robert speelt meteen met me mee en gaat met zijn camera klaarstaan. De eigenaar trekt zijn VIP-gezicht. '*Ah bon*, mevrouw is van een magazine...' Dat heb ik niet gezegd, dat zegt híj. Geheel uit zichzelf gaat de brave man door met praten. Over hoe hij is begonnen. Over hoe hij van plan is te eindigen. Als zijn verhaal stokt, vraag ik losjes: 'Die heerlijke wortelsoufflé, heeft u die zelf bedacht?'

'Welzeker,' zegt hij, 'die wortelsoufflé is geheel míjn creatie.' En zonder dralen vertrouwt hij het recept toe aan mijn microfoon.


De hoofdstraat in St. Peter Port is één winkelgalerij. Grote merken blikken ons vanuit de etalages aan: Dolce & Gabbana, Ralph Lauren, Armani, Prada, Benetton, Chanel, Tommy Hilfiger. En er wordt wat afgeshopt; de toeristen laten zich verleiden door het belastingvoordeel dat – zoals men hier van de daken schreeuwt – hun deel is. Soms treffen we nog kleine winkeltjes met *handcraft*, meestal liggen die in de zijstraatjes, en het leukst vind ik de winkels met vissers- en zeilattributen, want daar proef ik nog iets van het leven in het échte St. Peter Port, zoals het zich nog steeds afspeelt in de omgeving van de haven.

's Avonds gaan we naar een concert in de kathedraal. Ten gerieve van de toeristen is daar van april tot november een gevarieerd en interessant muziekprogramma. Wij boffen, want we krijgen door een jong gitaarduo – Richard Hand en Tom Dupré – een klassiek concert aangeboden. We genieten van de *Danzas Espanjolas* en de *Valses Poeticos* van Granados, van de *Romanian Dances* van Béla Bartók, van Debussy, Scarlatti, Satie en Scott Joplin, en we zijn zo enthousiast over het spel van deze jonge virtuozen dat we ze na afloop uitnodigen voor een drankje. (En ze zijn zo aardig om ja te zeggen!) En dat drankje heeft weer gevolgen. Ik zeg het duo toe dat ik zal proberen om ze naar Nederland te halen. En zowaar: dat lukt mij; nauwelijks terug in Nederland krijg ik de kans om hun gitaarvertolkingen te laten horen tijdens een radio-interview met mijn eigen muziekkeuze. Het toeval doet de rest. Een impresario, rijdend in zijn auto, vangt het laatste stukje Scarlatti op en belt ogenblikkelijk naar de studio om te vragen wie toch 'die flamboyante gitaristen' zijn. Een half jaar later geven Richard Hand en Tom Dupré in Nederland een aantal concerten. Mijn contacten met het duo zijn nadien sporadisch doch hecht. Ze zijn inmiddels beroemd, spelen overal ter wereld, in India, Israël, de vs, Japan, Indonesië en als ze een nieuwe cd maken, sturen ze me die trouw toe.

We zetten onze wandelingen op Guernsey voort. We gaan een dagje naar het noordwesten, dat met zijn charmante kustplaatsjes erg op Bretagne lijkt en waar tot onze verbazing gezonde breedheupige koeien door de duinen en langs de stranden flaneren als volwaardige burgers. En we gaan een dagje naar de ruige zuidwestpunt, waar we de dramatische restanten van de Duitse bezetting aantreffen: massieve bunkers en betontorens die als uitkijkposten dienden, want Adolf Hitler zag in de Kanaaleilanden een mooie springplank naar Groot-Brittannië. En zoals die bunkers niet meer uit het landschap te verwijderen zijn, zo zit ook 'mijn' bunker voorgoed in mijn hoofd verankerd. Ik was twaalf jaar en het was Dolle Dinsdag, de dag dat de Duitsers en masse uit het westen van Nederland wegvluchtten na geruchten over een geslaagde doorbraak van de geallieerden. Met de kinderen uit mijn straat trokken we brutaalweg de tankgracht over naar de bunker achter het toenmalige Promenade Hotel in Den Haag. Want de wachtposten waren naar het oostfront gestuurd, hadden we gehoord, of misschien hadden ze wel gewoon de benen genomen (of liever gezegd: de gestolen fiets). De bunker waarin munitie zat, werd niet meer bewaakt. De kinderen doorzochten hem en kwamen naar buiten met geladen geweren en .88 granaten. Ik was in gezelschap van een vriendje en ik zie nog het geweer over zijn schouder. We gingen naar zijn huis op het Valkenboschplein, een huis met een zolder. En vanuit het zolderraam schoot mijn vriendje op meeuwen. Die ene meeuw die hij plompverloren raakte en die met een klap op een schoorsteen terechtkwam, is voor mij altijd het symbool van oorlog gebleven.

En nu we dan toch met oorlog bezig zijn, bezoeken we ook het ondergrondse *hospital*. Een luguber gangenstelsel waarop zesentwintig 'zalen' uitkomen. Het geheel is in drieënhalf jaar tijd door krijgsgevangenen in de rotsen uitgehakt en kon zeshonderd gewonde Duitse soldaten bergen. Het vocht druipt langs alle wanden, net als zo'n kleine zestig jaar geleden, toen dat de belangrijkste reden was dat wonden niet genazen.

Onze laatste dag besteden we aan Victor Hugo. We bezoeken zijn huis – Hauteville House – in St. Peter Port, dat nog geheel intact is. Toen Louis Napoleon zichzelf in 1851 tot Keizer Napoleon III uitriep, beklom de radicale Victor Hugo de barricades en hij werd prompt uit Frankrijk verbannen. Hij trok via België naar Jersey, alwaar hij een pittige brief schreef aan Koningin Victoria (waarmee hij mijn eeuwige sympathie heeft verworven), die hij bijzonder kwalijk nam dat zij Frankrijk met een staatsbezoek wilde vereren. Dat kwam hem duur te staan. Hij kon meteen uit Jersey vertrekken, maar werd vervolgens met open armen ontvangen in Guernsey. Daar bleef die norse, vierkante man tot 1870, het jaar dat Napoleon III zelf verbannen werd en Hugo een triomfale terugkeer naar Parijs kon maken. Hugo's verblijf op Guernsey heeft het eiland geen windeieren gelegd, want Hauteville House is nu een van de grootste toeristische attracties. In 1845 begon Hugo in Parijs aan *Les Misérables*. Hij bleef er gedurende zijn verbanning aan werken en pas in 1861 had hij zijn levenswerk volbracht. In Hauteville House schreef Hugo in zijn werkkamer vlak onder het dak van zijn huis. Hij schreef staande aan een lange tafel voor het raam, want hij wilde tegelijkertijd uitkijken over de zee en bij helder weer een glimp opvangen van de kust van zijn geliefde Frankrijk. Het is heerlijk om in Hugo's huis te vertoeven. Er is een Japanse kamer, er is een Chinese kamer, er is *Le salon bleu, Le salon rouge, Le jardin d'hiver* en *La bibliothèque*, om niet te spreken van alle nissen, serres en boudoirs die als geheime ontvangstruimten werden gebruikt. We dwalen rond en we verbazen ons over Hugo's bizarre smaak en fantasie, die ervoor zorgden dat er werkelijk geen millimeter van muren, vloeren en plafonds onbedekt is gebleven.

# Frankrijk
## (Poitoutocht)

De blokkade van de vrachtwagenchauffeurs is er de oorzaak van dat onze fietstocht een week wordt uitgesteld. Om eerlijk te zijn: daar ben ik niet rouwig om, want eigenlijk vind ik het belachelijk om zo'n fietsavontuur – vijftig kilometer fietsen per dag – aan te gaan. Ik heb een hekel aan vijftig kilometer fietsen per dag en zeker als dat een week achtereen gaat duren. Ik weet dat ik dan 's avonds pijnlijke knieën, stijve heupen en billen, en kramp in mijn benen krijg. Bovendien gaan mijn beschermengelen nooit met mij mee, want ik heb altijd wind tegen en stortbuien op mijn hoofd. Maar ik heb mij laten overhalen. Mijn familie (mijn echtgenoot Rob, mijn dochter Marysa, haar vriend en ik) zag er brood in omdat het een gratis reisje is. Niet alleen voor mij, doch ook voor een drietal familieleden naar keuze. Ik hoef het reisje – op verzoek van een tijdschrift – alleen maar te verslaan. En dat is toch zo moeilijk niet, denkt mijn familie, die toch al vindt dat schrijven een simpel karweitje is. Ik hoef 's avonds slechts enkele aantekeningen te maken en mijn familie is best bereid me daarbij te helpen. Eenmaal thuis is de uitwerking voor mij toch zeker een fluitje van een cent, dus: 'Nou dan,' zegt mijn familie, 'wees niet zo egoïstisch, doe het dan voor ons...'

En dus vertrekken we op 15 juli met de auto. Lille, Parijs, Orleans. We overnachten in Blois, Novotel. Om het zwembad – nou ja, zwembad, poedelpool. We vinden daar zon, rust, veel gras, veel hoge bomen, maar als we romantisch denken te gaan eten onder een bolacacia, blijkt de maaltijd een stoot onder de gordel te zijn. Vlees dat zo uit de hakkenbar lijkt te komen. Marysa en vriend bedanken voor de taaie eer, ze gaan liever met een lege maag tennissen. Rob en ik – we hebben op verschillende fronten de oorlog meegemaakt en dragen de honger in ons achterhoofd altijd met ons mee – zwoegen ons plichtsgetrouw door de medium lel op ons bord, troosten ons met koffie en buigen ons over de kastelen die we de volgende dag zullen bezoeken: Amboise en Chambord. We hebben het geluk dat we ze onderweg even kunnen 'meepikken'. Vroeg opstaan maar.

De volgende dag komen we laat in de middag aan in St. Benoît – tien kilometer ten zuiden van Poitiers – waar we onze fietstocht zullen beginnen. Hotel l'Orée des Bois sluimert provinciaals en lieflijk tussen rode bloemen en wingerdranken, en ontlokt ons vele superlatieven. Totdat we onze kamers op zolder aanschouwen, althans onze lits-jumeaux. Ze hebben ferme, houten voeteneinden en de beide heren met hun één meter negentig kunnen wel inpakken. Of ze moeten diagonaalsgewijs te bedde gaan. Of ze moeten het hele bed afbreken, op de gang zetten en het matras op de grond leggen. Tot dat laatste wordt met algemene stemmen besloten. Er wordt even gemopperd, maar als later blijkt dat het diner een gastronomisch wonder is, delen we mild extra sterren uit. Bravo l'Orée des Bois, Grote Broer Novotel kan nog veel van je leren!

De eerste dag. Onze huurfietsen worden om halfnegen gebracht en we rijden een onwennig rondje. Alleen Marysa (de kleinste van postuur, honderdachtenzestig centimeter) zwenkt en zwiert tevreden; de anderen liggen dubbelgeklapt wat af te stuntelen. Wat zijn dat voor idiote Franse fietsen... véél te laag stuur, véél te laag zadel. Ik roep meteen in mijn beste Frans dat ik mij wel zal laten vervoeren door het busje dat onze bagage naar de volgende bestemming moet brengen en dat ik vanuit dat busje wel aantekeningen zal maken. Maar helaas, monsieur Jean-Pierre, de baas van al dat moois, roept dat hij in staat is alle problemen op te lossen. Hij begint meteen te sleutelen en te wrikken, echter zonder merkbaar resultaat (dat levert veel *merdes* op), stuur en zadel blíjven te laag. Niet omdat de Fransen te klein zijn, maar omdat die Hollanders te groot zijn, zegt monsieur Jean-Pierre. Wij besluiten dapper om dan maar dubbelgeklapt naar Chauvigny te vertrekken (negenendertig kilometer). Onderweg worden we zo afgeleid door het natuurschoon en de historie om ons heen dat we de fiets niet eens voelen. Zelfs ík voel niks en ik geniet met de anderen mee van de velden vol zonnebloemen die als menshoge pionnen op een schaakbord staan, de bruine hartjes afwachtend omhoog gekeerd. We kijken een poosje naar het kanoën op de Clain en vergapen ons in Nouaille (onze eerste stop) aan de twaalfde-eeuwse *abbaye*.

We trappen weer door, het is ons geen moment te zwaar, want de weg is nauwelijks glooiend te noemen. En er is ook nauwelijks verkeer. De enkele maal dat er een auto passeert, gebeurt het echter claxonnerend, veel te snel en rakelings, dus het is wel opletten geblazen.

In Pouilly – tien kilometer vóór Chauvigny – stappen we af bij het kerkhofje. Een piepend hek geeft toegang tot typisch Franse familiegraven, met veel plastic en porseleinen bloemen, foto's, Christusbeeldjes en engeltjes erop. Ook op het graf van een meneer, die net als de beroemde schrijver Jean-Jacques Rousseau heet, is het een drukte van belang. En dan sta ik ineens oog in oog met Marie Boudrie, de hoofdpersoon van het boek dat ik nu aan het schrijven ben. Toeval? Ik heb die naam toch verzonnen? Maar daar ligt ze waarachtig, in het familiegraf Boudrie te Pouilly, bovenop haar echtgenoot. Ze kijkt me verwijtend aan vanaf haar foto. 'Wat laat je me in vredesnaam allemaal beleven?' schijnt ze me voor de voeten te gooien. 'Bemoei je toch met je eigen zaken en laat mij gewoon dood zijn alsjeblieft.'

In Chauvigny heerst kleinsteedse drukte. We volgen de weg naar het kasteel, dat in de oude, hooggelegen, twaalfde-eeuwse kern ligt. Een wirwar van straatjes brengt ons naar een crêperie (waar we ons natuurlijk te goed doen aan die specifieke Franse lekkernij) en vervolgens naar onze *chambres d'hôte*, kamers in een gerestaureerd huis naast de oude kerk. Uitzicht over de stad. Stilte. En goede bedden, godezijdank. Als ik wat later in de tuin sta, voel ik hoe de eeuwen op mij neerkijken.

De tweede dag. Als ik opsta ben ik stijf en ik begin meteen te klagen en het busje aan te roepen. Mijn echtgenoot maakt echter zwijgend een warm bad voor me klaar en tot mijn verbazing heeft dat op mij een positieve uitwerking. Vooruit dan maar. Van Chauvigny via een omweg naar St. Savin (zesendertig kilometer). Eerst langs de oevers van de Vienne (die Frans I de schoonste rivier van zijn koninkrijk noemde), dan door de *campagne*. Ik ben gek op dat woord campagne, dat me aan een picknickmand met knapperig stokbrood, wijn en Franse kaasjes doet denken. We gaan door afwisselend landschap. Bossen met hoge varens, alweer zonnebloemen, velden met gemengde wilde bloemen. In gedachten pluk ik mezelf een boeket papavers, korenbloemen, klaver, distels, margrieten. Er is niemand te zien. Slechts hier en daar een boerderij, een kerkje, een dorpje, een pleintje met geknotte platanen die met elkaar een afdak vormen, en natuurlijk een pomp. Vlak bij Pindray staan we plompverloren voor een verlaten kasteel met mos op de trappen. We scharrelen even rond op het landgoed eromheen en kijken in verbazing naar de honderden vlinders en libellen die met ons mee dansen en die kennelijk nog nooit van luchtvervuiling hebben gehoord.

Verder naar Antigny. Eerst wat drinken in het *Centre Presse* (het dorpscafé) waar een stamgast meteen over zijn ellende begint te mekkeren zodra hij hoort dat wij Hollanders zijn. Bij ons was toch ook oorlog? Nou, hij was krijgsgevangene in Koblenz. (Hij laat me een litteken op zijn borst zien en een soort insigne.) Waarschijnlijk is er daarna niets meer gebeurd in zijn leven want hij ratelt maar door met zijn tandeloze bekkie in een Frans dat ik niet kan volgen. (Ik versta alleen 'Koblenz... Koblenz...') We vluchten naar de romaanse kerk en bekijken de muurschilderingen, thema's uit het leven van Jezus. Maar de man vlucht mee en naast me hoor ik nog steeds 'Koblenz... Koblenz...'

Uiteindelijk kunnen we ons alleen van de man ontdoen door op de fiets te springen. *Au revoir monsieur, et sans rancune!*

De laatste kilometers naar St. Savin aan de Gartempe. Hôtel de France. Onder de douche. Even languit (ja hoor, prima bedden!) en daarna naar het kloppend hart van het stadje, een groot plein met hoge bomen, banken, cafés rondom, rust, krantje kopen, *citron pressé*... alles is kits, en voor al die problemen in de rest van de wereld zullen ze ook wel een oplossing vinden.

Derde dag. Zondagmorgen. Rust alom. Hier zijn geen of nauwelijks toeristen. Na het ontbijt bekijken we de fresco's in de kerk en gaan we – omdat we toch maar tweeëntwintig kilometer hoeven te fietsen – wandelen langs de oevers van de Gartempe. We zien huizen als vestingen, de afbrokkelende muren overvloedig behangen met wingerd- en druivenranken. Alles is oud, de brug is oud, zelfs het landschap is oud, en dat geeft ons het gevoel in een middeleeuws schilderij te wandelen.

Ochtendkoffie op het schaduwrijke plein (we laten onbekommerd de tweeëndertig graden Celsius op ons neerdalen) en dan maar weer naar de fietsjes waaraan we al wat gaan wennen, hoewel mijn rug iedere avond door een vrijwilliger gemasseerd moet worden.

Tweeëntwintig kilometer... wie doet ons wat...

Het begin is nog gladjes. En zo mooi... zo mooi... Hoe is het mogelijk dat zo weinig kilometers verderop het landschap zo totaal anders kan zijn. Ruwer, droger, grauwer, rotsachtig, bijna verlaten. Maar dan dient zich een kleurrijk dorpje aan, levendig door de uitbundig bloeiende geraniums, fuchsia's en dahlia's waarmee de mensen hun huizen aanprijzen. En omdat we verkeerd rijden (de tweeëntwintig kilometer zijn inmiddels uitgegroeid tot tweeënveertig kilometer) gaat onze weg plotseling door nog meer van die kleurrijke dorpjes (bestaande uit hooguit vijf huizen). Het is twee uur. In alle tuinen zien we onder een grote plataan of appelboom een lange gedekte tafel waaraan gegeten en gedronken wordt. We komen er bijna toe om af te stappen en aan te schuiven, maar we sjezen voorbij en worden vriendelijk toegezwaaid. We belanden in Brusserie en treffen een strandje waar de lokale jeugd zich in de Gartempe dompelt. Weer lange tafels op het gras, een madame die ons *crudités, jambon, pain* en witte wijn voorzet, en ons ook nog een roeibootje kan leveren. We peddelen wat onder de overhangende wilgen door, niet te lang, want de madame trok een moeilijk gezicht toen we haar vroegen of het nog ver was naar Vicq. Niet ver, wél hoog, zei ze. En inderdaad, dat laatste traject is aanpoten, ik moet zelfs afstappen zo nu en dan, maar aan het eind van de route wacht ons Marion en dat vergoedt alles.

Zij is de vriendelijkheid zelve en onthaalt ons in haar achttiende-eeuwse, gerestaureerde huis aan haar tafel te midden van haar familie alsof we haar kleinkinderen zijn. 's Avonds maken we nog een dansje in het dorp, want er is hooifeest, en als ik in bed lig – en tot diep in de nacht het dorpskoper door mijn rozige slaap hoor schetteren – weet ik niet meer of ik zo pijnlijk lig door mijn gedans of door mijn gezwoeg de laatste helling op.

De vierde dag. Na een copieus ontbijt *à la campagne* (pruimen, croissants, compote, yoghurt, brie en geitenkaas) worden we uitgezwaaid door de ganse familie (inclusief Funny girl, de basset-met-de-opgemaakte-oogjes).

'Een prachtige route...' roept Marion ons na, 'maar wél zó...' Haar hand golft door de lucht en ze blijkt gelijk te krijgen, zowel met dat 'zo' (er zijn een paar flinke glooiers bij, maar nooit wordt het te zwaar) als met die route (waar zag ik zoveel nuances geel bijeen? Korenvelden, weidebloemen, de onvermijdelijke zonnebloemen en bermen vol met bloeiende dille die een scherpe, kruidige lucht verspreidt.)

We zijn lekker moe als we aankomen in Hotel Croissant (oud en comfortabel) in Châtellerault, een stadje dat – mij althans – niet kan veroveren. Een wandeling langs de Vienne biedt ons een blik op een rommelige oever, vervuild water, verwaarloosde huizen. Zelfs de felle zon kan hier geen kleur bezorgen. Een visser voorspelt ons binnen een paar uur een *orage*, maar wij schrijven zijn pessimisme toe aan de invloed van zijn omgeving en zijn waarachtig verbaasd als we even later weer terug in het hotel worden overvallen door een donderbui incluis orage die de hele nacht voortduurt en ons de volgende morgen zal afhouden van een 'rondrit' langs enkele kastelen in de dalen van de Vienne, de Creuse en de Clain. In plaats daarvan zullen we deze vijfde dag de Futuroscope gaan bezoeken, een park bestaande uit kolossale bolvormige en kristalvormige paviljoens, waarin zich jaarlijks een miljoen mensen verbazen over al die nieuwe vindingen op het gebied van film en communicatie. Maar ja, wat is nieuw? Vandaag is morgen niet meer nieuw. Mij komt dan ook zeer veel bekend voor wanneer ik een Canadese film over communicatie bekijk en het verwondert me niets wanneer ik aan het eind '© 1985' zie staan.

De zesde dag. Een toer van eenenveertig kilometer – we draaien ons hand er niet meer voor om en mij zal niemand meer over een busje horen – naar Vouillé, langs schitterende, gerestaureerde plattelandskastelen en landhuizen met ommuurde tuinen en vervaarlijk blaffende honden. Het weer heeft zich hersteld – voor ons Hollanders niet te geloven. Het terrein is iets minder glooiend – ik hoef slechts eenmaal af te stappen. De tocht gaat door vele kleine dorpjes, die zo stil, zo stil zijn. Als we aan komen suizen gaan hoopvol de luiken van het plaatselijke café open, en soms laten we ons naar binnen lokken. Maar meestal rijden we door, de wind om ons heen, langs muren met witte bruidssluier en zoete kamperfoelie. We snuiven de geuren van dille en kamille, en stoppen zo nu en dan bij een kersen-pruimen-perzikenboom – nee, ze zijn nog niet rijp – alleen de wilde frambozen zijn rijp en bovendien van niemand en dús van ons, zodat we besluiten ze te plukken – vooral dat plukken charmeert me! – en op te smikkelen.

Voor het open raam van kasteel Vendeuvre zit een dame die ons over de slotgracht heen aanwijzingen geeft van welk punt we haar bezit – en háár uiteraard – het beste kunnen fotograferen. Als we haar niet meteen begrijpen, wordt ze ronduit fanatiek, ze buigt zich gesticulerend en kwetterend naar buiten. 'Mais non, mais non...' want zó komen de rozen er niet op en de honden niet en de pas gerestaureerde klokkentoren niet...

Bonjour madame... zwaaien we en we laten haar alleen met haar borduurlapje, wérkelijk alleen, want in de hele omgeving zien we geen mens en terwijl we wegfietsen horen we de stem van madame langzaam achter ons wegsterven.

Ten slotte Vouillé. Een dorpje, oud, vooral oud. Een camping plus zwembad in de buurt brengt wat leven. Op een landje staat een huifkar, uitgespannen paard, mammie aan het koken, pappie zet twee tentjes op. In een kring zes kindertjes in schone pyjama's, stokbrood in de hand. Zo kan het dus ook. Wij doen het anders, gaan luxe zitten doen in een goed hotelletje, of liever gezegd: niks zitten doen, want er valt werkelijk niets te beleven in dit dorp. Je kunt er alleen maar lekker eten en dat buiten we dan maar uit.

De zevende dag. De laatste etappe, Vouillé-St. Benoît, is op ons verzoek zestig kilometer geworden (want we willen het stuwmeer nog zien en we zijn nu al gehard, zelfs ík). De weg gaat door het Forêt de Vouillé, een charmant en heerlijk naar dennennaalden ruikend oerbos. Gezang van vogels alom. Soms een open plek met veldbloemen en dartelende vlinders, maar daarna uitsluitend kolossale bomen en de specifieke lucht van mos en champignons. We roepen verrukt uit dat Frankrijk het mooiste land ter wereld is en dat we hier wel willen wonen. Eeuwig willen we rondslieren over deze paden...

Nog een paar dorpjes waar we ons op terrasjes citron pressé laten voorzetten om de warmte het hoofd te bieden. Op een van die terrasjes worden wij ontdekt door de chauffeur van de bagagebus. Hij steekt zijn hoofd uit het raam en richt zich speciaal tot mij. Hij wijst naar mijn benen die ik op een stoel heb gelegd. Of madame misschien moe is, vraagt hij. Of madame misschien last heeft van de warmte, want in dat geval zou madame een stukje met de bus mee kunnen rijden. Ik wijs zijn vriendelijk aanbod bijna verontwaardigd van de hand, want hoe kan iemand nu denken dat zoiets ooit in mijn hoofd zou opkomen. Ik spring als eerste op mijn fiets voor het laatste traject, een enorme klim, die gelukkig wordt beloond met een mensvriendelijk slot in de vorm van een lange helling. Met gespreide benen glijden wij luid zingend en glorieus St. Benoît binnen. Voilà...! We schudden voldaan onze veren en gaan op zoek naar ons hotel l'Orée des Bois. Het ligt nog steeds provinciaals en lieflijk te sluimeren tussen rode bloemen en wingerdranken. Met de ervaring van de te korte bedden in ons achterhoofd gaan we meteen onze kamers inspecteren.

Deze keer blijken de bedden geen houten voetenschotten te hebben en dus kunnen we onze moede lijven probleemloos uitstrekken.

's Avonds aan het diner – romantisch in een tuin met soezerig makende wijn en alle denkbare Franse heerlijkheden op tafel – zeggen we: Volgend jaar doen we dit weer, een weekje sportief *en famille* ergens door Frankrijk, dwars door natuur en historie, en gekoesterd door de Franse keuken en de Franse zon. Maar dan wel op onze eigen Hollandse fietsen.

Robert Collette (1941-2004)

Italië, Chianti-streek

Italië, Florence

Italië, Siena

Italië, op de hoogte van Leonino

Guernsey, St. Peters Port

Guernsey, Moulin Huet Bay

Guernsey, Moulin Huet Bay

Guernsey, omgeving Fermain Bay

Zuid-Wales, huis Dylan Thomas

Zuid-Wales, ruïne met kalf

Noord-Wales, kasteel Caernafon

Noord-Wales, Llangollen Canal

Wales

Port Meiron-tuinen, Wales

Spanje, Ronda

Spanje, Mezquita van Córdoba

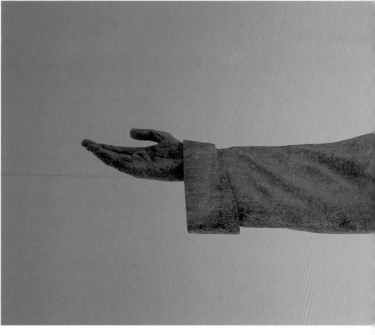

Spanje, omgeving Campillos

Portugal, christusbeeld Lissabon

Portugal, Porto

Portugal, Lissabon

Portugal, Douro

Portugal, Aveiro

Portugal, bibliotheek van Coimbra

Zuid-Afrika, portret

Zuid-Afrika

Zuid-Afrika, Durban

Zuid-Afrika, wachten op de bus

Zuid-Afrika, vrouw met kind aan de was

Zuid-Afrika, schooltje

Zuid-Afrika, 'English Iron', theehuisje met landschap

Turkije, zeilschip Yosun

Turkije, amfitheater

# Spanje
## (Andalusië)

Andalusië. Het zou de naam van een planeet kunnen zijn. Een planeet die vernoemd is naar een oosterse prinses met ogen als bladen van lotusbloemen. De zoete, zangerige naam past bij zwoele nachten en waarachtig, die treffen we, zelfs als we er niet meer op mogen rekenen, want het is al bijna oktober en de weerman in Nederland had voor ons zware luchten voorspeld. Maar overdag gaat de zweep erover met temperaturen rond de vijfendertig graden. Mensen lopen aan de schaduwkant dicht langs de huizen. Pas in de avond komt het leven in de koningssteden en de koningstuinen goed op gang. Op de terrasjes met tapas en *vino tinto* kwetteren de kinderstemmen tot diep in het donker. Robert, Lous, Rob en ik gedragen ons zoals het een toerist betaamt. Wij hebben een zwaar programma in elkaar gezet, we houden geen siësta en vullen alle uren. Dapper banen wij ons een weg door de duivenkolonies op de pleinen om de paleizen te bezoeken en de kastelen, kerken, musea en moskeeën. We scharrelen in winkels keramiek bij elkaar en natuurlijk vergeten we ook niet om voor onze kleindochters Spaanse waaiers en schorten te kopen, die weelderig versierd zijn met linten en stroken, en op dieprood en felpaars katoen grote zwarte noppen hebben. We kletsen met oude opaatjes op straat, te midden van drukte en geroezemoes. Soms is er even een warme regen, soms een zwakke

bries, maar altijd is er dat ondeelbare licht, dat zich zacht ver-
kleurend aanpast aan de herfst. En overal zijn de Spaanse kleuren ossenbloedrood, zwart en okergeel. Kleuren die verwijzen
naar een nobel, streng en koninklijk karakter. Kleuren die spreken van liefde voor het leven, van vrolijkheid, vechtlust, maar
ook van wreedheid en van de strijd om het bestaan.

Even buiten de stad Sevilla strijken we neer op een heuvel onder
de pijnbomen, in een landhuis dat de eeuwen heeft getrotseerd.
We genieten van het uitzicht op de stad, de zuivere dennenlucht
en de culinaire hoogstandjes in het voortdurende besef dat we
hier de nachten mogen doorbrengen. De volgende dag beginnen
we waar bijna iedereen begint – omdat het vroeger geopend is
dan alle andere bezienswaardigheden – in het Museo de Bellas
Artes, een voormalig zeventiende-eeuws klooster. We willen ons
laven aan de schilderskunst van Velázquez en Goya, maar vooral
van Murillo, die met zijn religieuze thematiek en zijn barokke le-
vensgevoel Sevilla en zijn bewoners heeft gevormd en die als
dank daarvoor op het Plaza del Museo een standbeeld heeft gekregen. In de vroegere kloosterkerk met het schitterende koepel-
plafond hangt in een nis Murillo's wereldberoemde *La Virgen de la
Servilleta* in matte, bruine tinten en etherisch rood en goud. Het
houdt ons op de plek gevangen. Maria met het kind. Nu eens
niet een bologig, uitdrukkingsloos oudkindmannetje, maar een
écht kind dat door Maria nauwelijks in bedwang te houden is en
speels en nieuwsgierig uit het schilderij lijkt te stappen. Als schilder van kinderen werd Murillo bijna net zo beroemd als schilder
van madonna's. Wanneer we even later in het Hopital de la Cari-
dad zijn, krijgen we daarvan een schitterend voorbeeld te zien:
het expressieve schilderij *Mozes op de berg Horeb*, waarop Mozes is
afgebeeld terwijl hij water uit de rotsen slaat voor zijn dorstige
volk. Murillo plaatst hier de kinderen en de dieren op de voor-
grond, plezier makend met elkaar in het levenswater.

Sevilla betekent keuzen maken. Er is zoveel te zien en er gebeurt zoveel op straat. En ook dat laatste heeft een plaats in ons programma. Een hele morgen zwerven we door de Barrio de Santa Cruz, de historische jodenwijk. Een sprookjesachtige idylle en een waar doolhof. Kronkelende steegjes leiden naar intieme pleintjes. Witgekalkte huizen hellen gevaarlijk naar elkaar over. Smeedijzeren balkons staan vol met planten. Beglaasde serres met geperforeerde luiken en zwartijzeren tralies houden de families binnenshuis, want het echte familieleven behoort zich af te spelen op de patio's (de binnentuinen).

De straat is voor ons. Het wemelt hier van gezellige barretjes en terrasjes. We vinden een tafel onder een sinaasappelboom. Een blik naar boven stelt ons gerust: vlak bij ons is La Giralda, de vertrouwenwekkende klokkentoren van de machtige kathedraal. La Giralda is een overblijfsel van een Moorse moskee uit de twaalfde eeuw. De gotische kathedraal, door Napoleon tijdens een veldtocht rigoureus vernield, stamt uit de vijftiende eeuw en is onze bestemming van die middag. We zullen de Capilla Mayor gaan bewonderen, de kapel van het hoogaltaar, die door een rijk versierd en verguld smeedijzeren traliehek is afgesloten. Maar eerst bestellen we koffie, *tapas*, gedroogde ham en wijn uit het vat. Een gitarist daalt neer uit de hemel en speelt speciaal voor ons *Capricho* van Albeniz en - hoe toepasselijk - *La Catedral* van Barrios. We hangen loom en meeneuriënd achterover. Ach ja, ach ja... oorlogen zijn er altijd geweest en laat nu de kat maar komen.

In het uitgestrekte Parque Maria Luisa brengen we een groot deel van de volgende dag door. Het is een oase van rust met koele lanen, fonteinen, eeuwenoude bomen, kleine vijvers, subtropische vegetatie en - op het Plaza de América - vrijpostige, witte duiven die er vooral lijken te zijn om oppasopaatjes (want Spanje zet z'n opa's in) en kleinkinderen te vermaken. Het is mogelijk om per koets een rit te maken. Wij kiezen echter voor een stevige wandeling, verdwalen uiteraard vele malen, maar komen dan toch aan bij het hart van het park, de Plaza de España, een reusachtig, halfrond plein, dat wordt omgeven door een gracht met bruggen, die met tegels versierd zijn, en het eveneens halfronde Palacio de España. Op de façade hiervan hebben de vijftig Spaanse provincies hun historie op geglazuurde tegeltableaus vastgelegd. Het is hier een en al kleur en uitbundigheid; een en al Andalusische flair.

We verlaten het park aan de noordkant en onze aandacht wordt daar direct getrokken door de Real Fábrica de Tabacos (Koninklijke Tabaksfabriek). Ooit werd hier driekwart van alle Europese sigaren gemaakt. Ze werden gerold op de dijen van meer dan drieduizend *cigarreras* (sigarenmaaksters). En oei, daar waren smakelijke en warmbloedige dijtjes bij, als we de Franse schrijver Prosper Mérimée mogen geloven. Op zijn gepassioneerde drama over de zigeunerheldin Carmen (de sensuele cigarrera, die haar vriendje de soldaat inruilt voor een stierenvechter en die tenslotte door de afgewezen minnaar wordt vermoord) baseerde Bizet zijn opera.

En zo werd *Carmen* de vleesgeworden Spaanse romantiek. Maar daarvan is nu niets meer terug te vinden, want de schitterende fabriek is inmiddels *universidad* geworden en wordt bevolkt door duizenden studenten. Sommigen van hen zijn toch wel een beetje romantisch, want uit een van de ontspanningsruimten waar de studenten met elkaar wat drinken en eten, hoor ik de eerste regels van het duet van Carmen en Don José opklinken:

DON JOSÉ
'Ah! Carmen! Hélas! Tais-toi!
Mon Dieu!'

CARMEN

'Sur ton cheval tu me prendrais
Et comme un brave, à travers la campagne,
Oui, tu m'emporterais,
Si tu m'aimais!'

DON JOSE

'Hélas, pitié! Carmen, pitié!
O mon Dieu! Hélas!
Ah! Tais-toi! Tais-toi!'

Muziekstudenten die repeteren? Of moet ik geloven wat mijn buurvrouw met een Brabants accent tegen haar echtgenoot zegt: 'Ze spelen ons voor hoe het vroeger was. Ze doen wel veel voor de toeristen...'

De noordelijkste wijk in Sevilla is La Macarena. Het is geen aantrekkelijke wijk. Veel verkeer, veel kabaal en rommel op straat. We gaan zo snel mogelijk op ons doel af: de Basilica de la Macarena, want we willen de veelbesproken *Virgen de la Macarena* – de Maagd Maria van Macarena – weleens met eigen ogen aanschouwen. De verering van de Maagd bereikt zijn hoogtepunt op Goede Vrijdag.

Dan wordt haar beeld onder luid misbaar op een draagbaar door de straten gezeuld. De rest van het jaar staat de Maagd in een nis boven het hoofdaltaar, vandaar dat wij haar thuis treffen, overvloedig versierd met watervallen zilver en goud, op het kitscherige af. Het is ontroerend om te zien hoe de hele buurt voor haar neerknielt. Mannetjes, vrouwtjes, kindjes, ze branden hun kaarsen, vouwen hun handen, heffen hun gezichten vol vertrouwen op naar de Maagd en smeken haar of ze toch alsjeblieft orde op zaken wil komen stellen bij hun thuis.

De volgende morgen gaan we vroeg naar het stadje Ronda, want later op de dag krioelt het daar van de toeristen, is ons verteld. Het lijkt wel of Ronda tegen een steile bergwand kleeft, het is één groot theaterdecor. De brug, het symbool van Ronda – de Puente Nuevo die het ravijn van de Rio Guadalevin overspant en de middeleeuwse binnenstad verbindt met het nieuwe stadsgedeelte – is wereldberoemd en natuurlijk hoort er een verhaal bij zo'n brug. Het schijnt dat de architect tijdens een laatste inspectie jammerlijk naar beneden stortte, als eeuwige waarschuwing voor overmoedige waaghalzen onder de toeristen. Voor mij is zijn escapade overbodig geweest, want ik heb hoogtevrees en durf niet eens een stap in de richting van dat hoge bouwwerk te doen. Niet minder beroemd dan de brug is de Plaza de Toros, de oudste Arena van Spanje. Helaas, want daar worden de stierengevechten gehouden, ontwikkeld door de mythische stierenvechter Pedro Romero (de klassieke stijl van Ronda) en elke grote matador moet eens in zijn leven in Ronda gevochten hebben. Wij zijn echter vooral geïnteresseerd in geweldloze zaken, in het hotel Reina Victoria bijvoorbeeld, waar de Duitse dichter Rainer Maria Rilke de winter van 1912-'13 doorbracht.

Hier schreef hij zijn lyrische verzen, zijn *Trilogia Española*. Hier wandelde hij in de tuin en zat hij op het terras dat zo'n honderdtachtig meter boven de afgrond zweeft. Zijn bronzen beeltenis in de tuin getuigt nog steeds van zijn aanwezigheid. Ik vraag aan de manager van het hotel of ik Rilkes kamer mag zien, maar hij kijkt mij koel aan. Als ik hem echter *Mi hijo es heroinómano* – de Spaanse vertaling van mijn boek *De moeder van David S* – in handen geef, ontdooit hij. Ah, de *señora* is schrijfster! Maar natuurlijk mag de *señora* de kamer van Rilke zien, kamer 202. Als de rest van het gezelschap zich dan even zou willen verpozen in de bar. De manager gaat mij voor en is zo vriendelijk mij even alleen te laten in de kamer waarin alles staat zoals Rilke het heeft achtergelaten. Althans, dat moet ik dan maar geloven, want zo staat dat vermeld op een plaquette aan de muur. Ik snuffel meteen in de boekenkast. Rilke, Rilke en nog eens Rilke. Ik tref een dichtbundel die ik thuis ook heb. Ik zoek meteen mijn lievelingsgedicht op, ga ermee in Rilkes stoel zitten en lees ontroerd.

HERBSTTAG

Herr: es ist Zeit. Der Sommer war sehr gross.
Leg deinen Schatten auf die Sonnenuhren
und auf den Fluren lass die Winde los.
Befiehl den letzten Früchten voll zu sein;
gib ihnen noch zwei südlichere Tage,
dränge sie zur Vollendung hin und jage
die letzte Süsse in den schweren Wein.
Wer jetzt kein Haus hat, baut sich keines mehr.
Wer jetzt allein ist, wird es lange bleiben,
wird wachen, lesen, lange Briefe schreiben
und wird in den Alleen hin und her
unruhig wandern, wenn die Blätter treiben.

Heer: het is tijd. De zomer was zo rijk.
Leg nu uw schaduw op de zonnewijzers
en laat de winden op de velden vrij.
Beveel de laatste vruchten rijp te zijn;
verleen ze nog twee zuidelijker dagen,
bereid ze tot volkomenheid en jaag
een laatste zoetheid in de zware wijn.
Wie nu geen huis heeft, bouwt zich geen meer.
Wie nu alleen is, zal het nog lang blijven,
zal waken, lezen, lange brieven schrijven
en rusteloos door lege lanen dwalen
als de bladeren op de herfstwind drijven.

Op weg naar ons volgende doel, de stad Córdoba, zien we op een heuvel een trotse vesting die tijdens de Moorse heerschappij het stadje Almodóvar del Rio moest verdedigen. Daar behoren we eigenlijk naartoe te gaan. Maar we vinden het te warm om de heuvel te beklimmen. En we vinden de heuvel ook te hoog. Bovendien zijn we er te lui voor en daarom zoeken we een schaduwrijk plekje in het dal van waaruit we woordeloos kunnen genieten van het zicht op de ridderburcht, die zo uit een prentenboek schijnt te stappen.

Córdoba ligt aan weerszijden van de Guadalquivir en was tweeduizend jaar geleden een Romeinse stad. De Romeinse brug die de oevers verbindt is nog steeds in perfecte staat en moet door ons natuurlijk even belopen worden.

Voor de toerist is Córdoba een sfeervolle stad, met oude buurten en pleinen waar het heerlijk toeven is, met gebouwen die herinneren aan een roemrijk verleden en eethuisjes waar verrukkelijk gegeten kan worden. Maar het bliksembezoek dat wij aan de stad brengen, staat ons slechts toe de *mezquita* en de *Juderia* – de jodenbuurt – te bezichtigen.

Voor al het andere schoons komen we nog een keer terug, beloven we elkaar plechtig.

Het stadslawaai is verdwenen als we de Juderia binnenkomen. We voelen ons meteen in de Middeleeuwen: smalle straatjes met klinkertjes en heel oude, witgepleisterde huizen. Via de *cancelas* (mooie smeedijzeren hekken) kunnen we een blik werpen op de patio's. Sommige mogen we bezoeken. Sinaasappel- en citroenboompjes staan in terracottapotten. Al dan niet bloeiende planten ontspringen uit kruiken, schotels, kistjes en vazen. Klimplanten slingeren zich rond zuilen en hangen over de balkons. *Azulejos*, de blauwwitte tegels, die een herinnering zijn aan het Moorse verleden, dragen hun steentje bij aan de pracht.

De trotse eigenaars leiden ons rond in hun kleine paradijsjes en vertellen dat dit de mooiste patio's van heel Spanje zijn.

In de tiende eeuw was Córdoba de westelijke hoofdstad van het islamitische rijk en net zo belangrijk als Bagdad. De grote moskee, de mezquita, belichaamde de macht van de islam. De Moorse bouwmeesters hebben er alles aan gedaan om het interieur van de mezquita te laten zweven. Achthonderdzesenvijftig zuilen in diverse kleuren marmer, jaspis en graniet staan achter elkaar geschaard en steunen even zovele rood-witgestreepte dubbele bogen. Steeds weer nieuwe doorkijkjes geven een gevoel van ruimtelijkheid en verhevenheid. Dat wás zo en dat ís zo. Alles getuigt nog van die vroegere luister.

Een burgeroorlog maakte echter een eind aan alle glorie. Ferdinand III veroverde de stad en er werd begonnen aan de bouw van veertien kerken. In de zestiende eeuw werd zelfs het hart van de moskee verwoest, en als een soort triomf van de overwinnaar werd op die plek een christelijke kathedraal gebouwd. Op zich een magnifiek kunstwerk, met schitterend gesneden preekstoelen, koorbanken en altaren, doch de gedachte aan die zinloze verwoesting roept op z'n minst een vleugje bitterheid op.

Wij hebben een hele dag uitgetrokken voor deze monumentale tempel, die door de UNESCO in het werelderfgoed is opgenomen. En dat blijkt niet te veel. Want het is verstandig om de tijd te nemen, om op de banken onder de gewelven te gaan zitten. Om gewoon wat rond te kijken en niets te zeggen. Gewoon wat genieten van de pracht van die duizenden fonkelende mozaïeksteentjes. En het is ook verstandig om af en toe naar de Patio de los Naranjos te gaan, de binnenplaats waar de sinaasappelbomen groeien. Natuurlijk raken we elkaar ook een paar maal kwijt in dat immense bouwjuweel. En dat is maar goed ook – althans, zo onderga ik dat. Ik vind het heerlijk om in m'n eentje door die bewierookte, halfduistere ruimte te zwerven, als een Harry Potter, in een volstrekt andere wereld mijn echo achterna. Ach... en als de eenzaamheid te lang gaat duren, dan is er altijd nog het gsm'etje.

Dat gsm'etje hebben we ook hard nodig in de volgende stad die wij aandoen: Granada, want het moet ons naar ons hotel laveren. We zien het liggen, tegen een berghelling aan, maar hoe we ons ook wenden of keren op die steile straatjes in de oude Moorse wijk Albaicín, we kunnen maar niet bij de ingang komen. Uiteindelijk wordt er een Woody Allen-*lookalike* op ons pad geplaatst. Letterlijk, want hij springt met zijn gsm zowat voor onze auto. De gsm heeft zich gemanifesteerd. Woody Allen brabbelt iets in een soort onverstaanbaar Engels, waaruit wij opmaken dat hij de troubleshooter is, die het hotel achter de hand houdt voor ingewikkelde gevallen. Wij moeten, zo zegt hij, de 'second vridsches' aan de rechterhand nemen. Wij vragen tot driemaal toe wat 'vridsches' is, maar vridsches is vridsches, zegt hij en omdat de auto's achter ons ongeduldig beginnen te toeteren, rijden we maar weer door. Met enige regelmaat passeren wij de troubleshooter – waaruit wij opmaken dat we rondjes rijden – die ons doorlopend door zijn gsm 'vridsches' toeschreeuwt en nu ook met zijn handen een boog vormt en ineens gaat er bij Lous een lichtje branden.

'Hij bedoelt *bridge*... brúg...' zegt ze, 'we moeten de tweede brug over naar links.'

En zo komen we na drie uur dwalen eindelijk in ons hotel.

Maar het is geen verloren tijd. De terrasjes, de Moorse straatjes, de pleintjes van Albaicín, we kunnen er zó onze weg vinden en ook de paleisstad Alhambra is ons zeer vertrouwd geworden; we hebben hem in al zijn grootsheid vanuit alle hoeken kunnen bewonderen.

Het Alhambracomplex omvat paleizen, torens, patio's en tuinen. De buitenkanten van de gebouwen zien er vrij onopvallend uit. Dat is kenmerkend voor de islamitische architectuur: de schoonheid kan men alleen van binnen ontdekken. Behalve islamitische, bevat de Alhambra ook joodse en christelijke elementen. Drie religies die hebben bijgedragen tot een versmelting van drie culturen en kunststijlen. En net als bij de mezquita: we dwalen uren rond, maar het is te veel voor één dag. Details zullen blijven hangen. Ik zal nooit de schitterende wanden vergeten, versierd met geometrische motieven van glanzend keramiek en met prachtige levensbomen, die zich steeds verder vertakken en uitlopen in ornamenten. En ik zal me altijd de Leeuwenhof blijven herinneren. Dat is een praalhof van steen, omgeven door arcaden met honderdvierentwintig ranke zuilen, die zich als palmen openen naar sierlijke bogen. In het hart staat de elfde-eeuwse fontein waaraan de hof zijn naam dankt: een grote marmeren schaal ligt op de ruggen van twaalf leeuwen, die het water uitspuwen in vier goten in de vloer (symbool van de vier windstreken). Er ontstaan nu vier waterstromen, en dat is op zichzelf weer een symbool, want een tuin met vier waterstromen is in de koran het zinnebeeld van het paradijs.

Maar er is nog meer symboliek. De twaalf leeuwen schijnen te verwijzen naar de twaalf stammen van Israël én naar de twaalf tekens van de dierenriem; naar de eeuwige kringloop der planeten met namen als Andalusië, en vernoemd naar oosterse prinsessen met ogen als bladen van lotusbloemen.

# Portugal
## (Noord-Portugal)

Portugal. Een klein land met een groot verleden. De Kelten, de Germanen en de Moren lieten duidelijk zichtbaar hun sporen na. De Romeinen stichtten steden en legden handelsroutes aan. Ze bouwden bruggen, aquaducten, tempels en arena's. Het lijkt waarachtig wel alsof ze dat alles deden om de verwende toerist van de eenentwintigste eeuw te kunnen behagen. En natuurlijk, wij vieren zijn verwende toeristen. Wij willen in vijftien dagen álles voelen, proeven en zien. De wijngaarden, de stranden, de heuvels, de riviertjes, de culinaire specialiteiten, de historische dorpen met hun traditionele gebruiken, het comfort van de *pousadas*. En dan willen wij ook nog blind zijn voor de armoede en nachten met meer sterren dan elders zien. Het mag ook niet té warm zijn, want we willen niet voortsjokken van de ene schaduwplek naar de andere, starend naar de uitgedroogde grond onder onze voeten, en daarom kiezen we voor september begin oktober, wanneer de wijn op fust wordt gelegd.

Maar de keuze van die maand heeft ook te maken met de acute drang die ik krijg om het huis te verlaten als ik een boek heb beëindigd en dat was in de maand augustus. Ik ruim wel eerst mijn werkkamer op, maar dan doe ik hem op slot. Daar hoef ik voorlopig niet meer in. Misschien zelfs helemaal nooit meer. Ik wil weg van dat vreselijke isolement waarin ik mij maanden achtereen vrijwillig heb gestort. Ik wil nóóit meer een boek schrijven. Ik wil samen met echtgenoot en vrienden bergen zien en grillige luchten, rivieren en kloosters, kastelen en oude, breekbare vrouwtjes. Ik wil de kleuren van andere landen zien, hun kruiden proeven en hun golven tegen de rotsen horen slaan.

Wég... Naar Portugal – het was vrij willekeurig gekozen – en de eerste stad die we aandoen is Porto, simpelweg omdat we daar landen. De stad, aan de monding van de Rio Douro, is door UNESCO uitgeroepen tot werelderfgoed en mag zich samen met Rotterdam in 2001 Culturele Hoofdstad van Europa noemen. En terecht. Want wat een architectonische schoonheid ligt daar aan onze voeten! Een stad om dalend en klimmend doorheen te zwerven op stevige wandelschoenen en om, als dat te vermoeiend wordt, even op adem te komen bij het zoveelste fascinerende panorama. Helaas, we hebben maar één dag en we kiezen voor het historische centrum, waar we op slag verliefd op worden. We beginnen bij het Praça da Liberdade (Plein van de Vrijheid) en komen langs het São Bentostation. Daar hangen we een tijdje rond tussen komende en vertrekkende reizigers (die me altijd fascineren, ik zou ze het liefst willen vragen waar ze vandaan komen en waar ze naartoe gaan). In de hal vergapen we ons aan de grote *azulejos*-panelen, samengesteld uit zo'n twintigduizend verhalende tegels, die de ontwikkeling van het vervoer van handkar tot trein afbeelden, maar ook de vaak gewelddadige geschiedenis van Portugal als een tekenfilm aan ons voorbij laten trekken.

We gaan omlaag door de zestiende-eeuwse Rua das Flores – hoge huizen, smalle gevels – en we komen uit bij de rivier op de Cais da Ribeira. Hier stonden vroeger de galgen voor de ter dood veroordeelden opgesteld. Nu treffen wij er de *tabernas* met hun uitnodigende terrasjes. De hitte doet ons besluiten daar onder een parasol neer te strijken, en voor we het weten zitten we met een koel glas *vinho verde* in handen (groene, tintelende wijn, wat zurig van smaak en met een laag alcoholpercentage, aangezien de druiven door het vochtige klimaat niet volledig kunnen rijpen). We kijken tevreden uit op de Douro – de gouden rivier – met zijn kleurrijke *rabelos*. Dat zijn de traditionele schuiten die vroeger de portwijnen naar de kelders in Vila Nova de Gaia brachten. Daar kregen ze de tijd om oud te worden. Tegenwoordig worden de rabelos slechts incidenteel ingezet, bij feesten en bijzondere toeristische activiteiten, want de meeste wijnen worden heel praktisch per tankauto of trein vervoerd.

We gaan weer door. Trapjes op en trapjes af, en komen dan achter de ruïnes van de stadsmuur in de oudste wijk: Bairro do Barredo. Een labyrint van schilderachtige steegjes. Maar ook ontstellende armoe, vuiligheid, wapperende was en bedelende kinderen.

Het embleem van Coimbra is de oude universiteit, een stad op zichzelf. Ik zal proberen dat embleem in te kleuren. Ziedaar de Via Latina, een galerij die toegang geeft tot weelderig gedecoreerde zalen, met aan de muren portretten van de koningen van Portugal. Een *claustro* (kloosterhof). Een kapel met een orgel, verguld en met roodgeverfd houtsnijwerk. Speciaal voor mij: de Biblioteca Joanina, misschien wel de mooiste en de stilste bibliotheek ter wereld, bestaande uit drie grote, achter elkaar liggende zalen, met in trompe-l'oeil geschilderde hoge plafonds.

Langs de wanden een galerij met gebalustreerde balkons. Boekenkasten met rijk houtsnijwerk. Een vloer van witte en donkergrijze tegels die in geometrische figuren zijn gelegd. Tafels van ebben- en rozenhout. Meer dan vijfhonderdduizend boeken, waaronder zeer bijzondere exemplaren, zoals een Latijnse bijbel uit de twaalfde eeuw. En overal om mij heen, als een weldaad voor het oog de tinten lichtgroen, donkergroen en zachtoranje.

Ik besluit om hier de rest van de vakantie te blijven, maar mijn reisgenoten duwen mij resoluut naar de deur. Kom, kom, het was toch zo dat jij nóóit meer een boek wilde schrijven? En ik beaam het, dat had ik besloten, dus ga ik mee naar buiten. Daar wordt mijn aandacht ogenblikkelijk gevangen door drie jonge mannen, die in zwarte capes langszwieren. De *capa preta*, de traditionele kleding van de student, zo wordt ons uitgelegd door een Engelse toerist met handboek en met te lange korte kakibroek, knokige knieën en harige benen. De man kijkt me een beetje verward aan, want in zijn handboek staat dat de capa preta alleen in de maand mei tijdens de *Queima das Fitas* wordt gedragen.

Diezelfde toerist treffen we een paar uur later in de Pousada de Santa Cristina, het lustoord waar wij de nacht zullen doorbrengen. Hij is wederom met zijn handboek in de weer. Honden zijn niet welkom in taxi's, leest hij hardop voor. Met een korte broek word je de kerk uitgestuurd (dat is zíjn pakkie-an) en het aantal verkeersongevallen en verkeersdoden in Portugal is het hoogste van Europa.

Ja, daar kan ik niks aan doen, antwoord ik hem en ik ga lui en zonovergoten aan het zwembad liggen. Maar de toerist mekkert rustig tegen mij verder. Deze keer schakelt hij over op de weemoedige muziek die uit de eetzaal naar ons toekomt. De toerist legt mij uit dat al die droefenis een 'fado' is. Een typisch Portugese fado. Soms oproepend tot verzet, maar meestal slepend en lieflijk als een romantische serenade. Een volkslied over heimwee, verloren liefde, noodlot, vertwijfeling en dood. Een volkslied, begeleid door twee Portugese gitaren en één grote Spaanse gitaar, en in Coimbra, de stad waarin wij ons nu bevinden, ontstond zelfs een heel specifieke vorm van fado die uitsluitend door mannen wordt gezongen en minder gericht is op de liefde. En wat de oorsprong van de fado betreft, ach, er komen steeds meer theorieën. Het zou een mengeling zijn van negerritmen die door Afrikaanse slaven werden ingevoerd; de fado zou zijn voortgekomen uit de *modinha* (de Portugese hofmuziek), of uit de gedichten die de troubadours zongen, of uit de Arabische en joodse liederen. Maar het liefst geloven de Portugezen dat hun romantische lied over het droeve gemis afkomstig is van de zeelieden en dus indirect van de zee.

We reizen weer door. Naar Obidos, via Batalha en Alcobaça. In Batalha bekijken we het gotische klooster dat op afstand aan een immens kerkorgel doet denken. Daarna gaan we naar het natuurreservaat Serra dos Candeiros om in de absolute stilte op adem te komen, en plakken er ten slotte in Alcobaça nog maar een klooster tegenaan. Het heerlijke van al die kloosters is dat ik er altijd wel een oude, vermolmde bank vind, waarop ik me met een boek kan nestelen. Een boek van een ander. En op zo'n moment gaat het met een zucht van bevrijding door me heen: godzijdank, ik schrijf geen boek meer. (Of, zoals Maarten Biesheuvel zei: 'Vroeger schreef ik, tegenwoordig leef ik.')

In het klooster van Alcobaça is het vooral de twintig meter hoge keuken die ons imponeert. Overal zien we de blauwwitte *azulejos*. Er staan grote marmeren tafels, kranen met leeuwenkoppen, en er is een bassin met stromend water, dat afkomstig is van een heuse beek, om de vissen in leven te houden. En dan is er ook nog een reusachtige schouw die door acht ijzeren pilaren wordt geschraagd. Vroeger stonden hier kolossale fornuizen, waarop zes ossen tegelijk konden worden gebraden (zo zegt het verhaal!). Om honger van te krijgen. Vandaar dat we maar op zoek gaan naar een restaurantje. We laten ons *broa* (maïsbrood) voorzetten en *açorda* (een gebonden soep met veel knoflook, verse koriander, vis, mosselen en garnalen). Het verschrikkelijk zoete toetje met vijgen, dadels en marsepein, spoelen we zo snel mogelijk weg met *vinho tinto* en espresso. En hoever zitten we eigenlijk van de kust? Als doorgewinterde zeemensen willen we het zout weer ruiken, de golven horen beuken en de vuurtoren bevoelen. En dat kan allemaal in Peniche. Daarna gaan we op weg naar Obidos, waar we de nacht zullen doorbrengen in een *estalagem* (herberg). Maar niet voordat we dat schattige, schilderachtige, middeleeuwse stadje – één groot monument! – met zijn duizend inwoners, zijn witgekalkte huisjes en met bloemen versierde ramen van alle kanten hebben bekeken. En dat doen we in een uur, al wandelend door smalle steegjes, over bubbelige kasseien en over de dertien meter hoge muur met kantelen die het vestingstadje omringt. Ik zie de sceptici al grijnzen. Jazeker, wij doen hetzelfde als de Amerikanen in Europa, en we vinden het nog heerlijk ook. Een dagje Holland. Een dagje Frankrijk. Een dagje Scandinavië. En de koningin van Noorwegen heet Beatrix.

En dan natuurlijk Lissabon, waar we twee nachten blijven. De stad die door de aardbeving van 1755 in tweeën werd verdeeld: de benedenstad die werd vernietigd en weer opgebouwd (met als middelpunt het plein Rossio en de Praça do Comércio) en de oude wijken (Alfama, Mouraria en Belém) die grotendeels gespaard bleven. Voorlopig kiezen we voor de oude wijken. En dat wordt lopen natuurlijk. Door de smalle, schilderachtige – mijn verhaal wordt eentonig! – met bonte was gedecoreerde trappenstraatjes. Er hangen zoveel kleren, dat ik vermoed dat iedereen naakt binnen zit. Geuren (knoflook en vis) en geluiden (schelle stemmen) komen ons tegemoet. En natuurlijk, ook hier lopen we onze Engelse toerist tegen het lijf, die we heimelijk James noemen. Hij bladert weer in zijn handboek en drukt ons op het hart dat we vooral de tijd moeten nemen voor al die *miradouro's* (uitkijkpunten) van waaruit we een prachtig panorama zien, dat zich uitstrekt over de rode daken van Alfama tot aan de Taag. Miradouro de Santa Luzia beveelt hij ons in het bijzonder aan, dan kunnen we tegelijk de Dom (Largo da Se) bezichtigen. 'En beklim de Torre de Belém [de vuurtoren] dan kan je over de Taag uitkijken, of nee, nóg beter: ga naar de zuidoever van de rivier, daar staat de

Santuário do Cristo Rei, het honderdtien meter hoge Christusbeeld. Je kan erin, je kan erop en zo over héél Lissabon kijken. En ach... vergeet ook de ziel van Lissabon niet, het huis waarin fadozangeres Amália Rodrigues leefde en stierf.'

Wij vergeten niets en wij genieten van alles. En omdat Lissabon nooit slaapt, hoeven wij dat ook niet te doen. Tot in de kleine uurtjes behoren wij, met een goed gevulde portemonnee, op z'n minst één fadolokaal te bezoeken. En volgend jaar moeten we hier nog maar eens zes weken terugkomen.

In het Hotel Dos Templarios in Tomar worden we gek van sjiekigheid. Eén en al verwennerij en uitzicht op de rivier de Nabāo. Ik ben slechts met moeite over te halen om de heuvel te bestijgen, waarop het Convento (klooster) de Cristo is gebouwd. Waar ter wereld vindt men groter schoonheid! We verplaatsen ons deemoedig van de ene claustro naar de andere. We verstillen in de Charola (de kerk) met op gewelf en muren zachtkleurige fresco's. We kijken omhoog naar het grote, ronde raam, waarop we de motieven herkennen: kabels, ankers, kruisbloemen, gebladerte van de kurkeik. En ik realiseer me: we komen dagen en zintuigen te kort.

We kiezen per abuis de moeilijkste weg naar Castelo Branco. Ruw landschap, bochten, afgronden, berg op, berg af, geïsoleerde dorpen, soms desolate panorama's. De pepermuntjes raken op, de dropjes kleven aan elkaar en het meegenomen bronwater wordt lauw. Wat moet een vrouw als ik, die het liefst met een krantje en een cappuccino op een zonnig terrasje tussen de mensen zit nu in vredesnaam hier, op de achterbank van een rondjesdraaiende auto? Gelukkig komen we toch nog in ons hotel aan en ik ga lekker liggen weken in een bad van lavendel en rozemarijn – de beloning van een warme en plakkerige reis ligt voor mij altijd in een koele kamer en een geurig bad. En daarna loop ik goedgemutst mee naar het park van het bisschoppelijke paleis.

Het barst er van de beelden. Koningen, kardinalen, apostelen, evangelisten en kerkvaders. Een soort Madame Tussaud, maar dan van steen.

Via Covilhã, waar we in een echt Portugees restaurantje te midden van schreeuwerige Portugezen gegrilde stokvis eten, gaan we naar Viseu. We houden rechts van ons het zicht op de Serra da Estrela, de mooiste en hoogste bergrug van Portugal. Het landschap is te verleidelijk om zomaar doorheen te jachten. In Manteigas, een schattig plaatsje aan de rivier de Zêzere, maken we de wandeling die ons wordt aangeprezen. Zeven kilometer over ruige, steenachtige en stijgende paden naar de watervallen van de Poço do Inferno. Wonderschoon. Frisse, tintelende berglucht. Maar wel zeven kilometer terug en dalend is nog zwaarder.

Het stadje Lamego ligt aan de linkeroever van de Douro. Het omarmt ons; er is geen ontsnappen aan. Vanaf de hooggelegen kathedraal hebben we, over fonteinen, terrassen, verweerde muren en beelden, een surrealistisch uitzicht op de omgeving. En dan hebben we het nog niet eens over de kathedraal zelf, het religieuze interieur, de orgels, het magnifieke preekgestoelte en het prachtige kruisbeeld.

We gaan naar het noordoosten, richting Bragança. Wederom bochtjes draaiend, berg op, berg af, ik ga er waarachtig aan wennen. De schoonste miradouro's, een riviertje, een oude Romeinse brug met wel twintig bogen, een schattig stadje met een bedrijvige markt. Moeten we hier niet wat eten? Jawel, wij moeten wat eten. Ergens strijken we neer. We krijgen een schaal met *presunto* (gerookte ham) en *alheiras* (worstjes van vlees, brood en knoflook) geserveerd. *Pão* (brood) en vinho verde, en speciaal voor mij, arme vegetariër, *monte*, een romige schapenkaas. Vanuit onze kamers in de Pousada São Bartolomeo kijken we majesteitelijk uit op het kasteel en het middeleeuwse stadje.

Bragança, Chaves. De weg is goed, maar rechts van ons gaapt een diepe afgrond. We houden de adem in. En dan ook nog bosbranden her en der. Maar de beloning komt in Guimarães. De Pousada de Santa Marinha. Een magnifiek zeventiende-eeuws klooster, gelegen op een heuvel en (alweer) met uitzicht op de stad. Balkons, parken, tuinen, terrassen, fonteinen, het groen van eiken en platanen. En juist als ik mijn armen ten hemel spreid en zuchtend wil uitroepen dat ik hier nooit meer wil weggaan, sta ik oog in oog met onze James-met-zijn-handboek (te lange korte kakibroek, knokige knieën, harige benen): reden te over om gillend op de vlucht te slaan. Ik luister echter geduldig naar zijn loftuitingen over Guimarães en beloof het schitterende kasteel en het archeologisch museum te bezichtigen, om me daarna vol te stoppen met dé specialiteit van Guimarães: *Toucinho do céu*, een zoetigheid bestaande uit eieren, suiker en amandelen. Ten slotte ben ik ook nog zo goed om van hem een klein geschenkje te willen ontvangen: de *Galo de Barcelos* (de haan van Barcelos) een diertje – gemaakt uit klei, zwart met vrolijke kleuren – dat is verheven tot nationaal symbool. Hij heeft voor al zijn vrienden en kennissen (ik behoor nu dus kennelijk tot zijn coterie) zo'n exemplaar aangeschaft, waarschijnlijk om keer op keer de bijbehorende legende te kunnen vertellen. De legende die verhaalt van de pelgrim die valselijk beschuldigd werd en hangende aan de galg tot de Heilige Jacobus bad om als bewijs van zijn onschuld de haan, die voor zijn laatste maal was gebraden, te laten kraaien. En zowaar, het geschiedde: de haan verrees en kraaide, en dat wonder levert Portugal heden ten dage miljoenen souvenirs op, hetgeen op zichzelf al een wonder is.

De dag die ons rest besteden wij aan Braga en het nationaal park Peneda-Gêres. In het nationaal park zijn we gewoon natuurliefhebber. We genieten van de zuivere lucht, van de kabbelende riviertjes, van de rijke flora en fauna en van ons eigen goede humeur, want dat krijgt iedereen hier vanzelf. Daarna besluiten mijn reisgenoten om door Braga te struinen en te snuffelen aan alle overblijfselen van de Middeleeuwen. Ik zeg echter dat ik daar te moe voor ben en dat ik in het hotel wil blijven. Maar dat doe ik natuurlijk niet, want ik ben ervan overtuigd dat er in zo'n oude stad een oude bibliotheek moet zijn (ik heb ook al een boekwinkeltje ontdekt met een etalage(tje) dat volgestouwd ligt met boeken en foto's van de Nobelprijswinnaar (1998) José Saramago, van wie ik in de Nederlandse vertaling van Harrie Lemmens *Het evangelie volgens Jezus Christus* las), ik blijf heerlijk een uurtje in dat duistere winkeltje en vervolgens ga ik als een mier fanatiek op weg naar mijn hol: ik verdwijn heimelijk in de Antigo Paço Episcopal (de bibliotheek), waar ik overweldigd word door het enorme aantal oude handschriften. Als ik vertel dat ik schrijfster ben, mag ik er een in mijn handen nemen.

En dan gebeurt waar ik al maanden bang voor ben: ik word bevangen door Het Boek. Ik sluit respectvol mijn ogen en snuif voorzichtig de houtgeur van het eeuwenoude broze papier op, en ik weet dat ik al reizend met een grote boog op weg ben naar de plek waar ik thuis hoor: tussen mijn boeken in mijn werkkamer, die ik uit voorzorg op slot had gedaan.

# Turkije
### (Een zeiltocht met de Yosun)

De Yosun is mijn minnaar geworden. Hij zal voortaan door mijn dromen zeilen. Het heeft even geduurd, ik ben een dagje flink zeeziek geweest, maar na een wonderpil van kapitein Nedim kan ik me volledig aan het schip overleveren.

We zeilen langs de zuidwestkust van Turkije, die zich aan ons vertoont als een aaneenschakeling van groene bergen en kale rotsen. Ze lijken op uitgeknipte silhouetten, die met kunstenaarshand op de einder zijn geplakt. Hier en daar een toefje: een witgekalkt dorpje, dat opglanst in de zon en alleen per schip te bereiken is.

Ik lig in zoete dommel op mijn rug op het voordek. Zonnebrandcrème met hoge beschermingsfactor en koel water op grijpafstand. Ik laat toe dat ook deze dag zich voegt bij de voorgaande tot een herinnering die onvergetelijk zal blijken te zijn.

Tijdloosheid. Vrijheid.

Ik ga zitten en spreid mijn armen als de vleugels van een vogel. Ik leef! Ik ruik de zee. Proef het zout op mijn lippen. Hoor de golven, het tikken van de lijnen en het ritmische geluid van de zeilen. Ik zie het hemelsblauw boven me. Het diepblauw onder me. Voel de wind door mijn haar en langs mijn gezicht strijken. Ik leef! Ik ben volmaakt onderweg en word verwend door al mijn zintuigen.

Kapitein Nedim zet de toon. Hij heeft een uit marmer gehakte kop met een neus, die we kennen van de Griekse beelden. Hij staat met woeste, zwarte krullen en bonken van armen als een zeegod achter het stuurwiel te briezen. Maar hij praat met zachte stem, schreeuwt nooit tegen zijn bemanning, die hij voortdurend zijn schip laat oppoetsen en dweilen – want zout is een vijand – tot het hout glimt als de billetjes van een baby.

En ook voor ons zorgt hij als een oermoeder. Hij laat de eettafel altijd dekken met een schoon, damasten tafellaken dat hij van thuis heeft meegenomen, en hij kookt verrukkelijk, samen met zijn leerling Erdal.

Natuurlijk staan er bij iedere maaltijd rode en witte wijnen, Turks brood, olijven, watermeloen, feta, honing en gemengde salades op tafel. Daarnaast treffen we steeds andere rijst- en bonenschotels aan, met veel kruiden, knoflook, tomaten en aubergines. En afhankelijk van wat Nedim die dag gevangen heeft: gefrituurde sardines, makreel of inktvis, die mals en sappig is en deze keer niet smaakt naar taaie rubberen ringen, zoals ik me dat van andere vakanties herinner. En één keer lamsbout met ratatouille. Hoe díe smaakt weet ik niet, want ik ben nog steeds vegetariër, maar iedereen doet er lyrisch over. En al zijn heerlijkheden dient Nedim op in schalen die te maken hebben met de creativiteit van zijn land. Elke schaal vertegenwoordigt in kleur, in vorm en in materiaal een kunstzinnige stroming en is altijd een aanleiding om iets over een bepaald gebied of tijdperk te vertellen. Na het ontbijt legt Nedim de zeekaart op tafel en zet hij de route van die dag voor ons uit. Zó varen we en zó. En daar gaan we voor anker in een verlaten baai. Lekker zwemmen en snorkelen. En dan weer met de zeilen vol om die punt heen en ten slotte in dát haventje de nacht doorbrengen.

Als ik nieuwsgierig vraag: 'En langs welke kust varen we morgen, Nedim?', dan rolt hij zijn kaart op en zegt hij met zijn sonore stem: '*Tomorrow is another day, milady...*'

Nedim doet precies waar hij zin in heeft. Het ene moment speelt hij de perfecte gastheer, die zijn gasten met zwier van heerlijkheden voorziet, daarbij grapjes makend of met ernst pratend over de sociale en ecologische problemen van zijn land. Het andere moment is hij de grote didacticus, de leraar maatschappijleer die hij in zijn gewone leven is – kapiteintje spelen is luxe, dat doet hij alleen in de grote vakanties – en probeert hij zijn discipelen inzicht te geven in de geschiedenis van Turkije. Daar slaagt hij nauwelijks in, want uit de vragen die hem door ons gezelschap worden gesteld, blijkt zonneklaar dat niemand al die opeenvolgende tijdperken, aanvoerders, veroveraars en keizers uit elkaar kan houden. Wanhopig slaat Nedim zijn ogen ten hemel; hij roept ongeduldig dat het niet de Grieken waren maar de Perzen, niet de Hettieten maar de Grieken en dat het niet het Romeinse tijdperk maar het Byzantijnse Rijk was, kortom dat wij de boel zo verschrikkelijk door elkaar husselen dat hij er doodmoe van wordt. Even later ligt hij luid snurkend en half opgerold op zijn buik ter hoogte van het achterdek in een visnet dat buitenboord hangt. Kon hij dat snurken maar omzetten in energie, al was het maar om zijn scheerapparaat mee op te laden. Door niets en niemand is hij wakker te krijgen. Maar dan, als niemand er meer op rekent, springt Nedim plotseling op, klapt in zijn handen en luidt de scheepsbel. Vooruit, luilakken, allemaal à la minute mee in de rubberboot. We gaan aan wal. Hals over kop broek aan of doek om. Nee, niks verkleden. Nedim is ongeduldig, hij heeft geen zin in wachten. Méé... en nu meteen... we gaan raki drinken in een dorp.

En wie is die 'we'?

'We' is het heterogene gezelschap dat in Bodrum uit het vliegtuig stapt: een apotheker, een headhuntster, een zakenman, een beeldhouwster, een binnenhuisarchitecte, een toneelman, een schoonheidsspecialiste, een aerobiclerares, een computerdeskundige en nog wat passagiers met iets minder omlijnde beroepen, en natuurlijk – om alles voor later genot vast te leggen – een fotograaf en een schrijfster. Zestien 'man' bij elkaar. Eerst nog onwennig: voorstellen, namen onthouden, wat na één dag samen lachen en praten al aardig lukt. Water schijnt aan verzustering bij te dragen, zegt men. En dat klopt, want al in de eerste baai komen er watertrappend ontboezemingen over stukgelopen relaties en in de tweede baai wordt het met verstoorde moederdochterverhoudingen en abortussen al helemaal therapeutisch zwemmen. Ach, en bij de mannen zal het niet anders zijn. Wat zou er in hún cirkel rondgaan? De viagrapil? De o6-nummers? De stress? Of het niet-begrepen worden door de eigen echtgenote?

Wat blijft er van elke reis als belangrijkste herinnering achter? Bij mij is dat nooit een standbeeld of een gebouw. Het vrouwtje dat de trappen opstrompelt van de kathedraal van Chartres zit dieper in mijn hersens gegrift dan de kathedraal. En ook van deze reis zal het niet het mausoleum zijn in Bodrum, of de ruïne in Fethiye, of het amfitheater in Knidos, maar misschien wel de Turkse sterrenhemel, die zó mooi en helder is, dat vrijwel iedereen de nacht op het dek wil doorbrengen.

Of zal het eenvoudigweg de fles raki zijn, die bij wijze van groet op volle zee en met volle zeilen van ons schip naar een langszij komend zusterschip wordt gegooid? De raki wordt onder luide toejuichingen aan de overzijde uit de lucht geplukt, maar helaas, de fles schiet toch uit de vingers en vindt een eerlijk zeemansgraf. Teleurgestelde kreten alom.

Of maakt de zakenman de meeste indruk op mij, als hij midden op de Egeïsche Zee per gsm zijn secretaresse in Nederland de opdracht geeft om zijn optie-aandelen te verkopen?

Misschien zijn het de zee-egeltjes van roze tot lilapaars die ik van de zeebodem pluk, of het theeketeltje dat door het enfant terrible Roos – de beeldhouwster – wordt opgedoken. Of misschien verdwijnt ook dat uit mijn geheugen en blijft mij alleen de herinnering bij aan de wijze waarop Roos, leergierig als zij is, de kapitein het hemd van het lijf vraagt. Wel tien keer per dag horen we over het dek schallen: '*Captain, I have a question,*' totdat uiteindelijk Nedim genoeg van haar heeft en haar botweg zijn stuurhut uitjaagt met: '*If you dón't have a question, tell me...*'

Maar als Nedim bezig is ons dagelijkse vismaaltje bij elkaar te hengelen, kan hij Roos niet van zijn zijde jagen. Uit de spartelende inhoud van zijn emmer weet ze altijd één visje te bemachtigen, dat ze met een glorieuze boog terug in het water gooit. 'Eentje maar, captain... één visje moet er geluk hebben!'

Of misschien is het de driedaagse baard van toneelman Louis, die door de barbier van Bozburun wordt afgeschoren. ('*Yezze ofcozze you can hava a shava.*') We hebben ons met z'n allen in zijn winkeltje gepropt, zodat we de magische handelingen, inclusief massage, goed kunnen volgen en van commentaar kunnen voorzien. De barbier knoopt Louis een gore slab om de nek, drukt zijn hoofd achterover en wet zijn ouderwetse scheermes. Het Nederlands elftal met Gullit in het midden staat van een op de spiegel geplakte poster mee te loeren als de barbier begint te zepen. De man maakt wat van zijn leven, hij klopt en draait en wrijft met cabareteske gebaren zeker vijf minuten lang het schuim over Louis' gezicht. Daarna bedekt hij dat met een dampend hete doek die hij vervolgens als een goochelaar met een ruk aan één punt omhoog trekt. Voilà... het schuim is weg, heeft iedereen dat goed gezien? Dan begint nu het schraapwerk. Eerst de ene kant. Dan de andere kant. Weer een doek, weer schrapen.

Of is het headhuntster Carolien die een plaats in mijn hersens heeft gekregen? In het amfitheater in Knidos staat ze ineens in de diepte op de halfronde vloer. Haar handen schuin omhoog naar de hemel geheven. We nemen benieuwd op de ruïneblokken plaats en wachten af. En wat er dan gebeurt is niet gering.

Headhuntsters stem krijgt volume door de schuinoplopende ruimte en headhuntster zelf verandert in een toneelpersoonlijkheid, die de razend moeilijke monoloog van Rowan Atkinson, alias Mr. Bean – uit zijn one-man-show – in perfect Engels voor het voetlicht brengt. Wij geven haar een staande ovatie, waarna zij ons ook nog trakteert op het verzoek om genade dat Portia richt tot de jood Shylock uit *De koopman van Venetië* van Shakespeare, in de vertaling van Bert Voeten:

Genade kan niet afgedwongen worden,
zij valt als zachte regen uit de hemel
op onze aarde en brengt tweemaal zegen:
zij zegent wie verleent en wie ontvangt;
zij is het machtigst in de machtigsten,
zij siert een vorst meer dan zijn kroonjuwelen;
zijn scepter toont de wereldlijke macht,
hij is het zinnebeeld van zijn majesteit
en wekt ontzag en vrees voor 't koningschap;
maar boven dit regiem regeert genade,
zij zetelt in de harten van de vorsten,
zij is een goddelijke hoedanigheid,
en aardse macht komt die van God het meest
nabij, indien genade het recht verzacht.
Daarom, Jood, ook al staat ge op uw recht,
bedenk dat, naar de loop van 't recht, geen onzer
ooit zalig wordt. Wij bidden om genade,
en dat gebed moet ieder van ons leren
genade te verlenen. Ik zeg dit alles
om u tot matiging van uw eis te brengen;
blijft gij erbij, dan moet dit strenge hof
het vonnis vellen over deze koopman.

Van de Dorische nederzetting Knidos, zo'n tweeduizend jaar geleden een bloeiende handelshaven, is eigenlijk alleen Caroliens amfitheater nog redelijk intact. De rest van de stad werd door een aardbeving vernield en de opgravingen mogen wij bekijken. Overal verspreid liggen delen van pilaren en brokken marmer genummerd op reconstructie te wachten. Het lijkt bijna zinloos om daaraan te beginnen, want hoe ter wereld valt uit al dat puin nu nog iets op te bouwen?

Natuurlijk, er zijn ook excursies voor ons gepland. Kapitein Nedim aan het stuur van de minibus brengt ons naar het miniregenwoud bij Selimiye. Als eendjes lopen we achter elkaar, langs en door klaterende beekjes, springend van steen op steen en almaar roepend: 'Wat mooi, wat mooi!'

Plotseling dartelen ontelbare oranjebruine vlinders om ons hoofd. Niemand weet waar ze vandaan komen. Bij de romantische miniwaterval van Selale plompt iedereen met oerkreten in het koude water. Een halfuur later zitten we midden in het bos aan een lange tafel *börek* te eten – een pannenkoek gevuld met feta, ui en peterselie en voor de liefhebber met wat honing erop. Een schattig meisje staat de börek onder een afdakje te bakken.

Na een hele morgen zwalken op zee, met af en toe de motor aan, leggen we aan in Fethiye, dat beroemd is om zijn magnifieke ligging. Van de twaalf eilandjes voor de kust gaan we er enkele bezoeken. Er zijn ruïnes uit de oudheid te vinden, maar ach, dat weten we nu wel. Wonderlijk, zo snel als een mens genoeg krijgt van steeds weer hetzelfde. Gelukkig vinden we even later een verlaten strand en een schitterende plek tussen de rotsen waar we kunnen snorkelen. Daar blijven we tot de avond valt; we picknicken bij een zelfgemaakt vuur en zoeken daarna met het schip een geschikte plaats in een baai om de nacht door te brengen.

En dan Bodrum, de witste stad aan de westkust, op het mooiste schiereiland in de Egeïsche Zee. Omdat de witgekalkte huisjes boven de haven tegen een helling zijn aangebouwd, heeft Bodrum, gezien vanuit de zee, ook veel weg van een amfitheater.

We blijven hier op onze laatste middag. We gaan naar de ruïne van het mausoleum, waarin zich de graftombe bevindt die in 350 voor Christus werd gebouwd, maar we vallen daar bijna flauw van de hitte. We gaan snel door naar het kasteel van de Ridders van St. Jan, dat door de kruisridders in de Middeleeuwen werd gebouwd. De dikke muren zorgen voor schaduw, en vanuit de toren hebben we een schitterend uitzicht over Bodrum en zijn havens. Maar wat nog belangrijker is: er staat daar een heerlijk verkoelend windje.

We scharrelen nog wat door de oude binnenstad, kopen authentiek blauw aardewerk, en natuurlijk een *Nazar Boncugu*, het blauwe oog dat tegen kwade invloeden beschermt en geluk en voorspoed toelaat.

We hebben nog één gezamenlijke vismaaltijd. De vis mogen we zelf op de markt uitzoeken en helpen koken mogen we ook.

Tijdens die laatste maaltijd wordt er veel gelachen en veel beloofd. We willen elkaar spoedig weer zien, zeggen we. Want na zeven dagen op zee zijn er banden over en weer. Alsof we met elkaar in een gekaapte trein hebben gezeten. Het is waarachtig om melancholiek van te worden.

En dan is het zover. Het busje dat ons naar het vliegveld zal brengen, rijdt voor. Nedim, Erdal en de twee andere scheepsmaten staan klaar om ons gedag te zeggen. Ze worden spontaan door ons in de armen gesloten.

'Farewell my friend,' zegt Nedim, 'farewell, je komt wel terug... je komt wel terug, m'lady... misschien wel volgend jaar...'

De wonderpil die ik van kapitein Nedim kreeg, verdient wat extra aandacht. Hij kwam uit een groezelig EHBO-kastje in de kombuis. Nedim rommelde hem te voorschijn toen hij zag dat ik niet meer van de reling weg durfde te gaan. Het was een strip met zeven pillen. Iedere morgen, een halfuur vóór het ontbijt, diende ik er een in te nemen, dan zou ik niet langer geplaagd worden door die draaierige misselijkheid die elke zeezieke het gevoel geeft dat zijn stervensuur nabij is. Het geschiedde zoals Nedim voorspelde. Tot mijn zeer grote vreugde mag ik wel zeggen, een vreugde die ik eenmaal thuis wilde delen met mijn huisarts. Want – zo dacht ik – deze zou mijn wonderpil misschien willen voorschrijven aan al zijn ongelukkige aanstaande zeezieke patiënten. Ik toonde de inmiddels lege strip; mijn huisarts zette zijn bril op en spelde de naam van de wonderpil. 'Haldol,' riep hij geschokt uit. 'Je hebt een week Haldol geslikt! Dat werd vroeger aan schizofrenen gegeven, maar dat is nu verboden omdat je ervan gaat hallucineren. Waar in vredesnaam heeft die gek die rommel te pakken gekregen?'

Dat weet ik dus niet. Ik kan slechts met stelligheid getuigen dat ik door de gewraakte pillen van mijn vriend de kapitein verlost werd van mijn zeeziekte en dat ik daardoor van elke minuut van deze wonderbare zeereis heb kunnen genieten. Ik heb kleuren gezien, smaken geproefd, geuren geroken, zoete tonen gehoord en de wind langs mijn huid voelen strijken als nooit tevoren.

Misschien omdat ik hallucineerde.

# Zuid-Afrika

In april 1994 wist Nelson Mandela na vier jaar van onderhandelen en politieke pressie ten slotte de eerste vrije multiraciale verkiezingen in Zuid-Afrika te bewerkstelligen. De uitslag was overdonderend, het einde van de apartheid was daarmee een feit en Mandela beloofde dat Zuid-Afrika het land van alle burgers zou worden. Nu, zoveel jaar later, geloven veel goed opgeleide blanken (én zwarten) daar niet meer in. Ze emigreren. Niet alleen om de criminaliteit te ontvluchten, maar vooral om de toekomst van hun kinderen veilig te stellen. Want de werkeloosheid groeit schrikbarend, de banen gaan vaak – in verband met de positieve discriminatie – naar zwarten die helaas niet altijd voor hun taak berekend zijn en het onderwijs wordt met de dag slechter. Met bloedend hart worden huizen met zwembaden en vergezichten ingeruild voor een wankel bestaan in Australië, Canada of Amerika. Tegelijkertijd komt er een stroom van toeristen op gang. Indonesië is uit. Zuid-Afrika is in. Folders beloven zonovergoten stranden, tuinroutes, bloeiende woestijnen, wildparken met witte neushoorns, olifanten, impala's, giraffen, zebra's en leeuwen. En wat heeft de verwende toerist uiteindelijk te maken met armoe en geharrewar tussen blank en zwart? Wat weet de verwende toerist van Nelson Mandela die als koningszoon in 1918 in de provincie Transkei geboren werd en zich aansloot hij het ANC en bijna een kwarteeuw werd geïnterneerd op het gevreesde Robbeneiland waar hij zijn strijd tegen de apartheid onverminderd voortzette? De moderne toerist doet gewoon wat de reisleider zegt: niet na vijven in de binnenstad, geen goud en dure camera's om je nek, geen portemonnee in je achterzak, portieren van je auto op slot, geen lifters meenemen en vooral nooit in de *townships* (krottenwijken) komen. Dan krijg je geen mes op je keel en word je niet kaalgeplukt.

Ik besluit om niet alleen maar toerist te zijn. Ik wil praten met blank en zwart en vooral op zoek gaan naar mensen die niet wegvluchten, maar zich inzetten voor een nieuw Zuid-Afrika. En als ik en passant ook nog een wildparkje, een braai en de schoonheid van het land mag meepikken, dan is dat mooi meegenomen.

We landen in Johannesburg. Daar staat het fonkelnieuwe busje, waarmee ons kleine gezelschap – fotograaf Robert, zijn vrouw Lous, mijn echtgenoot Rob en ikzelf – naar Pretoria rijdt. Onderweg passeren we pick-uptrucks met laadbakken vol met zwarten die naar hun werk worden vervoerd. Als ik bij wijze van groet mijn hand ophef, krijg ik geen respons en ik kijk gegeneerd voor me uit.

In het centrum van Pretoria, in een stille, hoog ommuurde palmentuin, staat La Maison, een landhuis uit 1920 met Jugendstilornamenten en glas-in-loodramen. Op voorzichtige voetjes gaan we door het huis dat in het teken staat van de schilder Gustav Klimt. Iemand met veel talent heeft het huis zijn kleuren en zijn adem gegeven. Drie prachtige negerinnetjes – ik kan er niet aan wennen dat ze hier 'zwarten' genoemd worden – helpen ons met de koffers. Een van hen is Letty. Zij is de eerste zwarte met wie ik aan de praat raak. Ze vertelt in feilloos Engels – afgewisseld door Zuid-Afrikaans – over haar harde bestaan.

Haar man is verongelukt. Haar drie zoontjes worden door haar moeder verzorgd. Eens in de maand heeft ze een dag vrij en dan mag ze naar 'huis' (niet meer dan een golfplaten optrekje in een township bij Johannesburg). Om haar salaris af te dragen, waarvan schoolboeken en uniformen betaald moeten worden. Er is geen overheid die de zorg voor haar kinderen van haar overneemt. Maar Letty boft, zegt ze, want haar kinderen kunnen tenminste naar school en haar werkgever Alan is 'een *bai goei* mens': hij betaalt haar treinreis en ze krijgt ook een feestelijke melktaart en een zak zelfgebakken 'grofbrood' mee.

Letty dekt met grote precisie de tafel en zet de Kaapse wijnen neer. Ze is samen met de keukenmeid – ook een zwarte – verantwoordelijk voor de ingelegde vis met *tomasiesaus*, de eerste maaltijd die ons in dit land geboden wordt. Ik vraag haar of er ook blank, of moet ik zeggen 'wit' huispersoneel is. Letty lacht verontwaardigd. Natuurlijk niet, zegt ze, een witte kan toch geen vuil werk doen en koffers dragen en bedienen? Ze houdt de apartheidsgedachte dus stug in stand.

Ik probeer er toch doorheen te prikken. 'Maar stel dat ik goed kan koken en ik wil hier in de keuken werken,' vraag ik. Weer dat verontwaardigde lachje. 'Dan mag u alleen komen om te commanderen, mam, om te zeggen hoe wij zwarten het moeten doen en dat wij harder moeten werken.'

Na het diner spreekt onze gastheer Alan ons ernstig toe. We moeten de deuren en luiken van onze kamers goed afsluiten als we weggaan en geld en waardevolle zaken in de kluisjes bergen, want helaas – ook al wordt er doorlopend gepatrouilleerd door de bewakingsdienst – is de criminaliteit in Pretoria bijzonder hoog. Alan stelt voor om ons te begeleiden naar het Parlementsgebouw, want dat is 's avonds schitterend verlicht en dat schouwspel mogen we niet missen. We nemen zijn aanbod dankbaar aan, want door al die verhalen zijn we toch een beetje onzeker geworden. Het Parlementsgebouw staat op een heuvel en spreidt zijn vleugels beschermend uit naar de stad. We lopen in stilte naar het prachtige, zandstenen amfitheater. Dat is de plek waarop Mandela de eed aflegde om zich te wijden aan het welzijn van zijn volk. Het is heilige grond en dat is voelbaar. Ik declameer eerbiedig de woorden die bisschop Desmond Tutu sprak tijdens de inhuldiging van Mandela als eerste zwarte president van Zuid-Afrika: 'Dit is de man van deze dag, dit is de man van dit jaar, dit is de man van deze eeuw.'

Op de markt in Pretoria ontmoeten we Klaartje Weinberg. Ze is vierenzeventig jaar, voor velen een leeftijd om met een breikous en een kanariepiet op een gemakkelijke stoel onder de schemerlamp te gaan zitten. Maar dat is niks voor Klaartje. Ze vertrok nog tijdens de apartheid naar Zuid-Afrika om haar idealen te verwezenlijken. Een school wilde ze, voor zwarte, kansloze kinderen, die ze behalve de leerstof ook nog wat cultuur kon bijbrengen. In Nederland was ze als leerkracht betrokken bij de Vrije School en met de principes daarvan in haar achterhoofd stichtte ze een schooltje dat nu inmiddels zo'n tweehonderd leerlingen heeft en zes zwarte leerkrachten – vrouwen die ze zelf heeft opgeleid – én immense geldproblemen, want subsidie is natuurlijk niet Klaartjes deel. De school ligt in de township Alexandra, op onze weg naar het dorpje Van Reenen. Daarom pakken we haar uitnodiging om haar te bezoeken gretig aan. Maar Alan komt met een dreigende vinger. Als we ons met bus en koffers in de township wagen, dan komen we daar niet meer levend uit. Klaartje weet echter raad. We laten onze bus achter op een parkeerterrein van een hotel en proppen ons daar in haar kleine autootje. Háár kennen ze. Zij is 'de witte van de township' en ze wordt daar door eenieder op handen gedragen. Ze loodst ons veilig naar haar school, tussen de vuilnis door en langs de hutjes van golfplaat, lappen en karton.

We praten met de leerkrachten. Op de bankjes zitten zwarte kindertjes met gebreide mutsjes op. Ze schilderen, kleien, tekenen, zingen, maken poppen (die in Nederland worden verkocht en wij ontfermen ons natuurlijk meteen over een voorraadje) en lopen tussen de bedrijven door het normale schoolprogramma af. Deze kinderen zullen de 'goed opgeleide zwarten' van de toekomst worden. Het is Klaartjes bijdrage aan de ontwikkeling van dit land.

Van Reenen, aan de rand van de provincie KwaZulu-Natal, blijkt een gehucht te zijn, bestaande uit één straat met een stuk of wat kleurrijke winkels. Het lijkt wel of we beland zijn in een decor van een toneelstuk. Vóór de kruidenierswinkel uit 1924 – nog helemaal ingericht volgens het principe van de eerste De Gruyterwinkels – hangen, liggen, leunen of hurken kletsende mensen in prachtig gekleurde kleding. Om hen heen een collage van bijkans nóg kleuriger koffers en pakjes. Robert schiet likkebaardend zijn plaatje en ik bedenk snel een onderschrift: mise-en-scène en kledingadviezen... en dan in gouden letters een dure naam. Iedereen staat roerloos, alleen de sierlijk pratende handen bewegen. Men wacht gelaten op de bus. Waar hij naartoe gaat is nog maar de vraag. Wanneer hij komt, weet niemand. Maar hij zal wel komen, vertelt een van de wachtende schoonheden. En als hij vandaag niet komt, dan komt hij wel morgen.

Op weg naar ons guesthouse in KwaZulu-Natal rijden we door een eindeloze dorre vlakte. Eén grote verlatenheid; er zijn geen tegenliggers. Als een klein 'restaurantje' opduikt – niet meer dan een schuur met een afdakje – maken we een stop, hopend dat we iets koels kunnen drinken. Maar de ijskast bestaat uit een koelbox die al jaren stuk is, we moeten tevreden zijn met lauw vocht dat de ultieme datum ruim heeft overschreden en behoorlijk muf ruikt. Nou ja, dan maar weer terug naar onze plaats in de auto; Lous achter Robert en ik achter Rob en dat is maar goed ook want zo ben ik in staat om zijn leven te redden. We zijn namelijk nog geen minuut onderweg als ik op Robs schouderblad een schorpioen ontdek van circa vijf centimeter. Het beest heeft hij tijdens onze stop opgedaan en loopt langzaam met gekrulde staart waarin zich een gifangel bevindt, in de richting van Robs nek. Ik weet dat als hij daar eenmaal beland is, Rob gekriebel zal voelen en hem weg zal slaan, met alle gevolgen van dien. Ik moet dus proberen de schorpioen met een snelle beweging bij de staart te grijpen. Een riskant precisiewerkje: als ik hem verkeerd beetpak, dan steekt hij mij. Maar als ik hem niet beetpak, dan zal hij zeker Rob steken. In Indonesië heb ik gelukkig het klappen van de zweep geleerd. Annous, onze gids in het oerwoud van Pangandaran (zuidkust van Java, even boven Cilacap) wist daar vlak voor mijn ogen een grote schorpioen van zeker tien centimeter weg te plukken van het been van een spelend jongetje. Het kind was zich van niets bewust en speelde met een boomtak. Hij draaide druk in het rond. Annous kon het kind niet waarschuwen, want dan zou hij in paniek raken. In één razendsnelle beweging greep hij de schorpioen met duim en wijsvinger vlak achter de angel bij de staart. Hij hield het beest omhoog om hem vervolgens weg te zwiepen. Dus doe ik hetzelfde als Annous. Alleen heb ik mijn bril niet op. Min of meer op goed geluk en onder het toeziend oog van mijn beschermengel grijp ik de schorpioen op de juiste plek bij de staart net voor hij Robs nek bereikt heeft. Ik houd hem omhoog en begin triomfantelijk te blèren want ik ben zeer tevreden met mezelf. Andere vrouwen lopen weg voor een muis of een spin; ík grijp in koelen bloede een giftige schorpioen bij de staart. Door mijn geschreeuw schrikt Robert zich echter het apezuur en het scheelt maar een haar of we vliegen met z'n allen tegen de eerste en enige tegenligger die we op onze weg krijgen.

KwaZulu-Natal is het land van de Zoeloes. Vanuit Country Manor, waar we de nacht zullen doorbrengen, kijken we uit over heuvels, bergen en bossen. Onze gastheer Jamie vertelt ons dat hij – moe van de IRA – het Engelse leger heeft ingewisseld voor dit vredige stukje aarde. Hoewel het hier zo'n honderdtwintig jaar geleden ook niet zo vredig toeging. Hij wijst naar de heuvels. Daar bevonden zich toen de *Battlefields*, waar de strijd tussen de Zoeloes, de Voortrekkers en de Engelsen zich afspeelde.

Als we morgen in ons guesthouse in Babanango Valley zijn, zitten we er nóg dichterbij en bovendien treffen we dan onze gastheer Dale die er alles van weet. Het is duidelijk. Jamie wil even geen oorlog aan z'n hoofd. En wij ook niet. We zijn toe aan lekker wandelen door eindeloze velden en langs vee zonder gele flappen in de oren. We komen bij voetballende ventjes die ons voor een paar rand het ritme van hun land willen tonen. Ze dansen, springen, lachen en zingen. Hun hele lichaam draait en golft en wanneer we ze de videoregistratie van dat uitgekristalliseerde plezier laten zien, staan ze sprakeloos van zoveel blanke magie. De jongetjes wijzen ons waar we moeten gaan zitten om de laatste zonnestraal van die dag op te vangen. Onder die boom, bij die heuvel bij die blauwe bloem, dáár komt over twee uur de laatste zonnestraal. En die mogen wij niet missen, zeggen ze.

*Babanango* betekent: Vader, daar staat hij in de mist. Een naam die we pas goed begrijpen, wanneer we de volgende dag de laatste heuvel naar ons countryhouse in Babanango Valley willen nemen. We worden plotseling overvallen door slierten mist. Wachten heeft geen zin, de mist wordt alleen maar dichter en na een blik op ons horloge weten we dat de duisternis ook ieder moment kan invallen. Een van ons moet als gids optreden en vóór de bus uit over het pad schuifelen. Robert zit achter het stuur, mijn echtgenoot heeft zich in La Maison verstapt en zit met een dikke enkel, Lous kan in de schemer niet zien en dus blijf ik over om als gids te fungeren over een pad dat steeds smaller wordt en vol kuilen blijkt te zitten. Ik zet al mijn schietgebedjes in, maar desondanks doen we anderhalf uur over de laatste twee kilometers en worden als helden door Dale en zijn vrouw Kely ontvangen. Een verrukkelijk maal bij kaarslicht is onze beloning. Pas de volgende dag zien we in welk paradijs we terecht zijn gekomen. Om ons heen zachtgroene, golvende velden met hier en daar plukjes bomen en struiken. In de diepte een meertje en op de achtergrond heuvels met donkere bebossing. En dan daarboven een helblauwe hemel die vervuld is van het constante geroep van vogels. Dat is dus Babanango, oftewel: Vader, daar staat hij in de mist.

Twee dagen besteden we aan het genieten van deze ongerepte natuur en aan praten met de plaatselijke bevolking die ons altijd vriendelijk toelacht. In de avonden, die we aan tafel met Kely en Dale etend en pratend doorbrengen, krijgen we de verschrikkingen van de Battlefields te horen. De Voortrekkers, die op weg naar het Noorden de Zoeloes op hun pad kregen en werden afgeslacht. De Zoeloes, die in hun schaamlapjes van de ene vallei naar de andere peesden (ze konden veertig kilometer per dag hardlopen). De Britten, die met hun oorlogstuig daar weer achteraan gingen. En die als echte Britten tot aan hun fontanel waren ingeregen en versierd met gouden tressen en koperen knoopjes. Waardoor ze niet harder konden lopen dan vijf kilometer per dag. Zodat het een godswonder was dat ze elkaar toch te pakken kregen. Waarna Zoeloes en Britten elkaar tot moes konden hakken. Tja, zo deden ze dat in de Battlefields. Mijn petje gaat het toch echt te boven.

De laatste dag neemt Dale ons mee op een tocht dwars door de heuvels. We moeten met de auto zelfs door een riviertje waden. Dale heeft voor ons een afspraak gemaakt met een Zoeloefamilie die op een afgelegen plek in lemen hutjes een rustig bestaan leidt. Paps en mams zijn er niet, ze werken op het land. De kinderen zijn net thuis van school (zeven kilometer lopen) en moeten zo'n beetje voor elkaar zorgen. We mogen een blik werpen in de grootste hut, het domein van de ouders. Er liggen slaapmatjes en opgevouwen kleren op de grond. Over een plastic lijntje hangen doeken, en waarachtig, wollen truien, die me zeer Hollands voorkomen. Zou de Zak van Max hier soms naartoe gaan?

De andere hutten staan in een cirkel om die van paps en mams. Hutjes van de dochters, hutjes van de zoontjes. De oudste dochter heeft een eigen hut. Ze ligt voor de ingang op haar buik en is verdiept in zichzelf. Ze heeft haar handen tot een kelk gevormd en doet een spelletje met haar vingers, die ze om beurten naar elkaar toe buigt. Daarbij prevelt ze zoete woordjes. Ach, als je geen speelgoed hebt, maak je toch poppetjes van je vingers?

De oudste zoon geeft met een trots gebaar te kennen dat we zijn hut mogen betreden. Aan de zijkant ligt zijn slaapmat. Erboven hangt een waslijn met een keurig wit overhemd op een knaapje en twee hagelwitte, zijden handschoenen die met een wasknijper zijn vastgeklemd. In het midden van de hut ligt een loper, die naar een immens apparaat leidt: een radio-cd-combinatie met ingebouwde boxen. Het staat er als een altaar. Een standaard met cd's torent ernaast. Verspreid op de grond wat losse cd's. Veel Pavarotti, zie ik. Pavarotti in een lemen hut in Zoeloeland.


We zijn onderweg van Babanango naar Hluhluwe (spreek uit: Sloewe-Sloewe). Een groepje jongens, omringd door honden, wijst heftig naar ons achterwiel. We hebben een lekke band.

De kuilen in de weg hebben hun tol geëist. De jongens weten een garage in het dorp en ze hollen met ons mee. Intussen praat ik met ze door het open raam. Van wie die honden zijn, wil ik weten. Van het hele dorp. Ze zijn getraind voor de jacht. Ze kunnen een niet al te grote springbok levend verscheuren. Maar als de jachtopziener (die er dus kennelijk is) dat in de gaten krijgt, dan schiet hij de honden af. Een van de jongens lost een paar imaginaire schoten met een imaginair geweer en dat zet aan tot een oorverdovend gejoel en geblaf.

Onze bus is voor de garage een grote attractie. Het voltallige personeel komt naar buiten om hem te bekloppen en te bevoelen. Er wordt eindeloos gediscussieerd over de mogelijkheden van zo'n bus. Een half uur lang ligt het werk stil. Voor het verwisselen en plakken heeft niemand tijd. Aan de overkant staat een vrouw voorover gebukt in een poeltje haar was te doen. Haar kind zit vastgebonden op haar derrière en schommelt met alle bewegingen mee. Als ze de commotie rond de bus ziet, laat ze de boel de boel en komt ze aansnellen. Van een andere kant komt weer een grootmoeder met drie kleinkinderen om zich ermee te bemoeien. Intussen kunnen wij de kleintjes bewonderen. We mogen de keiharde krulvlechtjes voelen en oma vertelt hoe dat zo gaat in Zoeloeland. Zíj is de belangrijkste figuur in het gezin. Haar kinderen werken op het land en zij zorgt voor de kleintjes. En wat haar kleindochters betreft – oma steekt haar zware boezem nog wat verder vooruit – die zullen toch echt alle wijsheden van het vrouwenleven van háár ontvangen.

Hluhluwe is een wildpark, niet groter dan de provincie Utrecht. We krijgen huisjes op palen, waarin we twee nachten zullen verblijven. Lang genoeg om een safari mee te maken, want we willen ook toeristje spelen natuurlijk. De volgende morgen om zeven uur gaan we al met een gids mee in een jeep. En we kijken onze ogen uit. Giraffen, neushoorns, zebra's, impala's, bizons, ze doemen aan alle kanten op. In het begin wijzen we nog. Moet je dáár achter dat bosje zien, en dáár. En ach, een babygiraf die midden op de weg ligt. Zeker moe. Eventjes uitrusten. Mama en alle tantes wijdbeens en beschermend eromheen. De jeep moet wachten. Dat geeft niet, want zo'n babygiraf is toch wel erg schattig. Maar na een kwartier zeggen we: ligt dat beest er nou nóg? Kunnen we er echt niet langs? We willen nog wel wat meer zien dan alleen die giraffen. Waarom zijn er geen olifanten?

En geen luipaarden en geen leeuwen? Die zijn er wel, maar toevallig zijn ze niet hier. Ze zijn gesignaleerd in de noordhoek en – zo zegt de gids, als hij ziet dat wij een sneu neusje trekken – dat biedt de mogelijkheid om vanmiddag eens lekker een uurtje onder zijn gewapende leiding te wandelen. Gewoon tussen de beesten door? Jazeker, dames en heren toeristen, gewoon in de vrije natuur en gewoon tussen de beesten door. Tussen de niet zo gevaarlijke beesten door, zegt de gids met het geweer over de schouder. En dat blijkt een sensatie. We sluipen door de trillende stilte van dit prachtige gebied, met deze keer alle dieren op grijpafstand. Als ze ons zien, blijven ze eerst lang naar ons kijken en gaan er tenslotte toch vandoor. Dan ontdekken we verse voetafdrukken van een luipaard. Hé, zat die niet in het noorden? Och, een verdwaald luipaardje, zegt de gids nonchalant. Ja, ja. Ik ga toch maar wat meer naar de achterhoede. En ineens staat daar zo'n twintig meter van ons af een moeder neushoorn met haar vadsige kind. Een gesnuif van jewelste. De gids wijst meteen naar een boom, waar hij ons in wil hebben. En dat op mijn leeftijd, wat denkt zo'n man eigenlijk wel? Maar gelukkig, na wat gedraal, besluit Moe Neus ons haar achterste toe te keren. Het vadsige kind hobbelt mee en wij halen weer adem. Toch wel leuk hoor, zo oog in oog met dat wilde spul. Leuk om straks thuis te kunnen vertellen. Maar het blijft niet zo lang leuk. De gids blikt al een tijdje onrustig om zich heen. Moe Neus is via een grote boog achter ons terechtgekomen en heeft een beetje de pik op ons. Links en rechts staan nu ook ineens een paar van die zware jongens. En bij het bosje vóór ons schijnt ook iets aan de hand te zijn, want de gids begint heftig te gebaren.

Ik begrijp hem verkeerd, want die morgen, tijdens onze safari, maakte de man dezelfde gebaren. Toen betrof het een zeldzaam kikkernest. Dus roep ik nu enthousiast: jongens, kíkkers! Op datzelfde moment stieren er drie neushoorns achter het bosje vandaan. Ze denderen vlak langs ons en de gids is de eerste die in een boom zit. Lous roept dat ze naar huis wil en ik krijg de slappe giechel, zoals altijd in noodgevallen.

Terug naar ons huisje op palen. De gids voelt dat hij iets goed te maken heeft en biedt aan ons te begeleiden naar 'een echt Zuid-Afrikaans eethuis van zijn vriend'. Lous zegt dat we daar natuurlijk gebakken ratelslang voorgeschoteld krijgen. Ik opteer voor kikkernestjessoep met zebrastaartjes, maar Rob en Robert vinden dat we bevooroordeeld zijn, we moeten niet zeuren, we moeten die gids gewoon vertrouwen.

En dus gaan we met de gids mee. En dus krijgen we mopaniewurms op ons bord. Lekker knapperig gebakken mopaniewurms en pas als ik ze verorberd heb, krijg ik te horen dat ik gebakken rupsen heb gegeten.

We gaan naar Durban. Van de ene jungle naar de andere. Maar dat beseffen we pas goed als Theo, onze hotelgenoot, op de boulevard een mes op zijn keel krijgt. De sufferd liep alleen en met een dikke buidel in zijn achterzak op de boulevard te flaneren. Wij opereren altijd met z'n vieren. De stevige Robert met zijn vierkante knuisten laten we voorop lopen en zo slenteren we hele dagen door Durban. We gaan naar de Indische markt in de binnenstad, waar de kleurrijkste jurken op de grond liggen en waar verder alles, alles te koop is. Van kralen ketting tot gedroogde slang, van krokodillenkop tot boomschors voor het libido. En al die vrouwen op de markt lachen naar ons en met al die vrouwen kunnen we praten. We gaan naar de dure villawijken in The Valley of a Thousand Hills, een diepe vallei die door de rivier de Umgeni is uitgesleten. Volgens een Zoeloelegende is dit de plek waar God de wereld oppakte, in Zijn hand verfrommelde en op het punt stond weg te gooien. Vandaar dat het landschap op een groot stuk verkreukeld groen fluweel lijkt. De naam van de vallei is romantisch, maar er durft geen mens alleen op straat te lopen, er speelt geen kind buiten en alle huizen zijn hier hoog ommuurd en worden door potige, voortdurend blaffende herdershonden bewaakt; er is dus weinig romantisch aan. We drinken thee in een onwaarschijnlijk mooi paviljoentje met een smeedijzeren versiering die wel van kant lijkt. We gaan naar de townships aan de rand van de stad, want dat is Durban, dat is pas echt Durban. Dat is armoe, werkeloosheid en ellende, samengebald in duizenden krotjes van golfplaat en sloophout. Ach, Mandela heeft wel beloofd dat al die krotjes vervangen zullen worden door kleine stenen huisjes – hier en daar is dat zelfs al gebeurd – maar helaas, na één, twee jaar zijn die huisjes weer vervuild en uitgewoond want niemand heeft geleerd wat 'wonen' inhoudt. We gaan naar het oude station, dat is omgetoverd tot een winkelcentrum. We eten vis in een haventje met uitzicht op de skyline (behalve Robert, die zich krokodil met knoflookmayonaise laat voorzetten). En aan het einde van de dag gaan we naar zee. Het paradijs van de surfers. We kiezen een van de pieren en hangen ontspannen over de balustrade. Onder ons de aanrollende golven, die door de surfers worden bedwongen. We kijken toe hoe de laatste badgasten van het strand verdwijnen. De skyline krijgt in de schemer een ander profiel. We voelen de zwoele wind om ons heen en we weten: dit hier is niet alleen een paradijs voor surfers.

We vliegen van Durban naar Port Elizabeth, stappen weer in een busje en rijden zo'n honderd kilometer westwaarts langs de kust naar Cape St. Francis, een lagune waarin de Kromme Rivier uitmondt en die vervolgens overgaat in de Indische Oceaan. Vijftig jaar geleden strekte zich hier een drie kilometer brede duinenrij uit langs de gehele baai en er kwamen alleen mensen om te gaan vissen. Nu is Cape St. Francis een klein Venetië geworden. Prachtige villa's liggen aan kanalen die naar de zee leiden. Gedurende de vakanties zijn de meeste huizen bewoond, maar op het moment dat wij er aan komen, heerst er stilte. En dat is maar goed ook want wij willen een dagje rust inlassen. De kamers waarin wij ons settelen hebben terrassen met uitzicht op de lagune die zich ontpopt als een waar vogelluilekkerland. Ik lig op een stretcher onder een parasol, een licht briesje blaast door mijn haar, de zee ruikt zilt en de vogels kwetteren en tetteren. Vanaf zijn terras roept Robert mij toe: 'Wil jij hier iets over schrijven? Moet ik nog een foto hiervan maken?' Maar ik hoef even helemaal niks. Ik houd me gewoon slapende.

De volgende dag gaan we verder richting Plettenberg Bay. Eindeloze, aangelegde bossen trekken aan ons voorbij. Totdat we ineens een bord met TSITSIKAMMA FOREST zien staan.

We draaien meteen de weg af, want Tsitsikamma is een regenwoud met bomen tot wel achthonderd jaar oud. Even een uurtje achter elkaar aan over de vochtige blârenbodem glibberen. Even die humuslucht opsnuiven en een stijve nek krijgen van het geloer naar de hoge kruinen. En dan weer door.

Naar The Crags, het natuurgebied in de heuvels ten oosten van Plettenberg Bay, waar we in het Tarn Country House vier dagen de enige gasten zijn van Guy en Erica. Guy is een Zuid-Afrikaan van Franse komaf. Zo'n dertig jaar geleden heeft hij de Tarn gekocht, toen een klein boerderijtje op een enorm stuk land. Nu is het een riant Country House met moestuinen en vijvers. Zelf ontworpen. Zelf gebouwd. Zoals Guy alles zelf doet. Hij kookt de verrukkelijkste bami voor ons in een immense wadjan. Bami op z'n Zuid-Afrikaans, want ik vis er stukjes krokodil en struisvogel uit. Die voer ik stiekem aan de hond terwijl Guy ons van zijn wijnen en zijn zelfgemaakte vijgenjam laat proeven. Guy organiseert ook een Zuid-Afrikaanse braai (grillfestijn), en hij is pas echt tevreden, wanneer hij ons bij een kampvuur van de volle maan kan laten genieten. Het lijkt zo'n vredig land daar, maar bij datzelfde kampvuur vertelt Guy ons over de verloren generatie zwarte Zuid-Afrikaners.

De nu twintig- tot dertig-jarigen, die bij het opheffen van de apartheid eerst de volledige gelijkheid wensten en pas daarna scholing en opleiding. Ze ontketenden een kleine revolutie, staken scholen en boeken in brand, met als gevolg dat nu miljoenen geen andere uitweg weten dan de criminaliteit. Maar er is hoop, zegt Guy. De volgende generaties komen eraan en zij krijgen wel scholing, al valt daar veel op aan te merken.

Intussen groeit het aantal vluchtelingen uit Nigeria onrustbarend. In de heuvels even boven Plettenberg bouwen ze hun krotjes en de regering weet geen raad met hen. Hiv-besmetting komt zeer veel voor, werk is er niet; criminaliteit en drugs des te meer. Vooral onder de kinderen is de nood erg hoog. Ze proberen zwervend en bedelend aan hun eten te komen en Guy heeft op bescheiden wijze – samen met wat vrienden – van containers voor hen een opvangmogelijkheid gecreëerd. Elf containers staan nu in het centrum van Plettenberg. Eén is omgebouwd tot een soort keuken; in de andere tien kan 's nachts geslapen worden. Op mijn verzoek laat Guy me de containers zien. 'Een mistroostige druppel op een gloeiende plaat,' zegt Guy, 'vooral als je weet dat er iedere avond om een plekje in de containers wordt gevochten.' En hij voegt eraan toe: 'Vraag niet waarom ik dit doe. Schuldgevoel van de blanke naar de zwarte? Schuldgevoel omdat de apartheid dit prachtige land en dit prachtige volk een diepe en blijvende wond toebracht? Eén ding is zeker, de jaren van onderdrukking en wreedheid hebben ook mannen van karakter en formaat voortgebracht. Dit land is rijk aan mineralen en edelgesteente, maar de grootste rijkdom zijn die mannen: Nelson Mandela, Steve Biko, de zwarte activist die door de Zuid-Afrikaanse politie werd doodgemarteld, Oliver Tambo, die dertig jaar het ANC in ballingschap leidde.'

We vullen de dagen bij Guy met wandelingen over de witte stranden en klauteren over de rotsen tot aan het schiereiland Robberg, een reservaat voor de robben. We zien dat de robben, net als mensen, verschillende karakters hebben. Er zijn er die met groot plezier over elkaar heen dartelen in de zee, en er zijn er die zich lui uitstrekken op de klippen om zich te koesteren in de zon. De lucht is hier zo zuiver, de wolken zijn zo surrealistisch, dat ik voortdurend het gevoel heb een onderdeel te zijn van een schilderij.

Tijdens zo'n strandwandeling worden we opgewacht door een zwarte vogel met een lange rode snavel. Hij is zo groot als een meeuw en hij staat vervaarlijk naar ons te schreeuwen. Hij waarschuwt ons duidelijk dat we zijn territorium niet moeten betreden. Zolang we stilstaan doet hij niets, maar zodra we een stap in zijn richting zetten begint hij agressief te fladderen. Dat wordt moeilijk, want we moeten hem toch passeren. Ik waag het erop – met een schorpioen als wapenfeit kan me niets meer gebeuren – en de vogel komt meteen met een duikvlucht op me af. Ik buk, maar voel dat hij rakelings over me heen gaat. Al bukkend volgt de rest terwijl de aanvallen van de vogel gevaarlijker worden. Dan ziet Robert in een kuiltje midden in de grote zandvlakte een ei liggen en het gedrag van de vogel wordt ons duidelijk. 's Avonds proberen we, snuffelend in Guy's vogelboek, erachter te komen welke vogel ons heeft belaagd. We vinden geen afbeelding van 'de zwarte met de rode snavel' maar daarentegen genieten we naar hartelust van al die kostelijke vogelnamen: hamerkop, groenvlekduifie, witstuitmuisvogel, zwartkaptimalie, vorkstaartscharrelaar, purperbandhoningzuiger, bronsvlerkdrawwertjie, grijsvleugelfrankolijn en suikervogeltje en we gaan met een glimlach over zoveel kinderlijke fantasie naar bed.

Natuurlijk gaan we ook naar het toeristische maar toch charmante Knysna, het centrum van de Tuinroute. Het ligt schilderachtig aan de zee en overal zijn visrestaurantjes die ons met wenkende, houten koks naar binnen proberen te lokken. Vooruit dan maar, eerst oesters eten en dan naar het plaatselijke marktje.

Een forse negerin met kind en kippen lacht Robert koketterend toe. '*Shoot me!*' roept ze en als Robert haar inderdaad 'schiet', geeft ze hem het adres van een restaurant op. Of hij daar de foto maar naartoe wil sturen, en graag in achtvoud want ze wil haar hele gezin van haar struise aanwezigheid overtuigen.

Van Guy naar Jans. In de verlatenheid van de Kleine Karoo, wat 'het dorstige land' betekent, ligt ons volgende reisdoel: het Oulap Country House. We moeten ruige bergpassen over, gaan door een maagdelijk gebied met een uitbundig vogelleven en komen op de eindeloze, rode gravelweg werkelijk geen hond tegen. We passeren 'dorpjes' van soms maar zes huisjes en iets grotere dorpen, die Hollandse namen dragen: Wittedrift, De Vlug, Speelmanskraal, Haarlem, De Hoop, Avontuur en De Rust. En dan, 'somewhere over the rainbow', zien we een bordje Oulap staan. Even naar rechts, even naar links, en daar is het. De steengeworden droom van Jans en Almeri Rautenbach. Ik ken dit energieke tweetal al jaren, maar voor de anderen zal het de eerste ontmoeting zijn. Oulap (oude lap) is een kleine burcht, opgebouwd uit keien van het land. Het kloppende hart van de Kleine Karoo. Wij, vermoeide vreemdelingen, mogen eerst in de sfeervolle bibliotheek op adem komen, om even later aan te zitten aan een tafel met, zoals Almeri zegt: de *sielkos* van een dankbare aarde: *roosterkoek, kiestand-ertesop, beespootbredie, ijstervarkvel, skaaprug-string*, patat met appel en *suuruitjies*. Alles natuurlijk bereid door Almeri. Daarna krijgen we de kans om het huis, dat meer op een museum lijkt, te bewonderen. In de kolossale eetkamer is een kerkraam van een negentiende-eeuwse Engelse kerk ingebouwd. Het verhaal dat bij het raam hoort weet ik Jans later op de avond voor de zoveelste maal te ontfutselen, want dat mag hij mijn reisgezellen niet onthouden. In de hal bevindt zich een pijporgel uit weer een andere kerk. De kansel, inclusief gebeeldhouwde trap, staat in de patio. Jans gebruikt hem om paartjes te trouwen want hij is ook nog ambtenaar van de burgerlijke stand.

Alle vertrekken, inclusief de vele, vele gangen zijn voorzien van een rijke collectie Zuid-Afrikaanse kunst en antiek. Er is zelfs een scheepskist van een kapitein van de VOC, driehonderdvijftig jaar oud, royaal versierd met koperbeslag. En tussen al dat fraais mogen wij ons drie dagen als koninklijke gasten bewegen. Soms houden we onszelf bezig in de prachtige Karoo, waar we ons vergapen aan de vetplanten en struiken met namen als Tjienkerientjies, Kalkoentjies en Bababoudjies. En soms worden we beziggehouden door Jans. Hij draagt een leven bitter Zuid-Afrika met zich mee. Hij werd in 1936 in Johannesburg geboren. Zijn vader werkte in de goudmijnen tot hij aan mijnstof in de longen stierf. Het was armoe bij hem thuis, maar op school kreeg hij gelukkig te eten. Toen hij twaalf werd, moest hij zelf voor zijn kostje zorgen, hij werd loopjongen in een filmbedrijf. De hele dag hoorde hij: '*Hey you*, breng jij dit eens even snel daar naartoe', en daar hield hij zijn bijnaam Heyou aan over. Heyou vertelt dat hij uiteindelijk cineast is geworden en dertig jaar geleden naar dit verlaten stukje woestijn kwam om er een documentaire te maken. Hij werd op slag verliefd op het landschap. Hij zocht een plek waar het bronwater spontaan opborrelde en bouwde Oulap samen met Almeri en de mensen die daar in de woestijn in kleine hutjes woonden, de bewoners van het verschraalde gebied, dat niet voor niets de naam 'De Hel' kreeg. Dat gaf hem de kans die mensen te leren kennen. En hij ging zich voor hen inzetten, hij schudde ze wakker. Het opheffen van de apartheid had niets met hen gedaan. Ze waren gebleven wie ze waren, mensen zonder zelfrespect en zonder eigen mening. Jans bracht ze ertoe het verhaal van hun dorpen en van hun leven te vertellen. Want ieder mens heeft een verhaal, zei hij. En als daarnaar geluisterd wordt, dan krijgt die mens het gevoel dat hij belangrijk is. Dan heft hij zijn hoofd op en kijkt hij niet meer naar de grond.

Na een paar jaar had Jans een eigen verteluur op de radio. Elke zaterdagavond om acht uur kon heel Zuid-Afrika luisteren naar 'De Verhalen uit de Hel'. Iedere keer kwam iemand anders zijn verhaal vertellen. Eenvoudige verhalen, zoals: 'De dag dat de koe geen melk meer gaf' en 'De dag dat het ging regenen en de woestijn bloeide'.

Ook Almeri zette zich voor de bevolking in. Zij haalde de vrouwen bijeen, liet ze met elkaar praten, bracht ze gezondheidsnormen bij en leerde ze wat wij 'nuttig handwerken' noemen. Nu, nog geen tien jaar later, hebben de vrouwen eigen winkeltjes en worden hun producten tot in Kaapstad verkocht.

Het verhaal van het kerkraam heeft alles te maken met de mama van Heyou. Zij werd – eenmaal weduwe – door Heyou in de kantine van zijn filmbedrijf aan het werk gezet.

Dat deed ze op een zodanige manier – ze introduceerde haar fameuze 'Sandwiches Mama' – dat ze uitgroeide tot een legende in Zuid-Afrika. Ze deelde in de filmwereld de lakens uit. Er werd geen film gemaakt, geen filmster gecontracteerd zonder de instemming van 'The lady from the movies', 'The queen of the valley', zoals Mama in heel Zuid-Afrika werd genoemd. Op een dag vertrok Mama naar Londen, voor haar eerste vliegvakantie die drie maanden zou duren. In die tijd maakte ze daar vele vrienden die ze stuk voor stuk in Zuid-Afrika uitnodigde om de gast van haar zoon te zijn. Zo werden de Londense nachtwaker Billy Webster en zijn vrouw Ida door Heyou geëntertaind. Hij sjouwde met de brave mensjes langs wijnboerderijen, struisvogelboerderijen en wildparken, kortom, hij nam de sightseeing voor zijn rekening en daarvoor wilde Billy – eenmaal terug in Londen – hem belonen. Maar geen cadeau was goed genoeg voor zijn 'grote vriend in Zuid-Afrika', tot hij op een dag zag hoe een hoogwerker met een enorme ijzeren bal een kerktoren neerhaalde. Een kerkraam, dacht Billy, dát is een mooi cadeau! Hij kwam tot een deal met de voorman: als hij kans zag om vóór acht uur de volgende morgen een kerkraam uit de muur te slopen, dan was het van hem. Billy ronselde de vrienden uit zijn pub. Met ladders, gereedschap en kratten bier trokken ze naar de kerk. De hele nacht, zingend en ten slotte stomdronken, hakten ze dievenklauwen uit de muur. En het kerkraam ging eruit. Volledig intact. Het werd door het gezelschap in een kist verpakt, op een truc geladen en naar de haven vervoerd. Daar werd het op een vrachtschip getakeld en de week daarop was het al onderweg naar Kaapstad. Een maand later metselde Heyou het kerkraam van Billy Webster, nachtwaker in Londen, in de muur van zijn huis midden in de woestijn van Zuid-Afrika.

Met Jans – die ik nu maar verder Heyou zal blijven noemen – heb ik midden in die hel, midden in die stuivende zandvlakte, tijdens een vorig bezoek aan hem een schooltje geadopteerd. Dat schooltje is ondergebracht op een begraafplaats, in een barak die tevens dienstdoet als wijkcentrum en kerkgebouw. Het heeft honderdtwintig leerlingen die dankzij de inzet van drie onderwijzeressen uit het analfabetisme van de streek worden losgeweekt. De regering stelt echter prioriteiten. De scholen in grote dorpen krijgen voldoende faciliteiten en geld voor lesmateriaal, computers et cetera. 'Ons' schooltje is niet belangrijk genoeg om uit de ruif mee te eten en ontvangt slechts mondjesmaat wat geld. Daarnaast krijgen de kinderen 's morgens een ontbijt (twee boterhammen met jam en pindakaas en een glas melk) en dat is voor sommigen de enige maaltijd van die dag. In nog geen jaar tijd hebben wij – en nu praat ik over een hele groep enthousiaste mensen die zich inmiddels sterk heeft gemaakt voor het schooltje van Heyou – kunnen bewerkstelligen dat de honderdtwintig kinderen voor het eerst in hun leven op schoolreis konden gaan. Ze zijn in bussen geladen en hebben de zee kunnen zien, op de zee mogen varen zelfs, voor woestijnkinderen misschien wel de grootste ervaring in hun leven. In de nabije toekomst zullen de kinderen hun barak op het kerkhof zelfs kunnen verlaten en hun intrek kunnen nemen in een 'echt' stenen schooltje waarvoor een Hollandse architect zich garant heeft verklaard en waarvan de fundering al gelegd is. In deze nieuwe school wordt ook een plekje ingeruimd voor een heuse keuken en bovendien zullen er voor vijf uitblinkertjes die in staat zijn om voortgezet onderwijs te volgen, studiebeurzen worden verstrekt. Het geld voor dit alles is in nog geen jaar tijd bijeengebracht door particulieren die simpelweg het hart op de goede plaats hebben.

Via Oudtshoorn, Calitzdorp, Ladismith en Barrydale belanden we in Swellendam, een juweeltje van Kaaps-Hollandse architectuur. In bijna alle oude landhuizen en boerderijen zijn B & B's gevestigd. Wij gaan ze eerst bekijken – sommige zijn opengesteld voor publiek, zoals de 'Klippe Rivier' uit het begin van de achttiende eeuw en het huis van de landdrost, de 'Drostdy' dat nu een museum is – en tenslotte kiezen we voor ons onderkomen een boerderij met de typerende H-vorm. In de aangrenzende *teagarden* laten we ons door een allervriendelijkst Hollands meisje de heerlijkste *selfmade koekies* voorzetten. Het meisje komt me bekend voor. Ze heeft diepliggende, donkere ogen. Ik fluister naar mijn echtgenoot dat ze 'Bamberg-ogen' heeft, zoals ik die zelf ook heb, net als mijn hele familie van vaders kant. Het meisje kijkt mij lang aan en zegt dan plotseling: 'Jij bent mijn tante. Ik herken jou, je bent Yvonne Keuls, dus ben jij mijn tante.' Ze noemt haar naam, vertelt dat ze getrouwd is met een Zuid-Afrikaan die in Swellendam woont en we vogelen samen uit hoe de familierelatie is. Zij is de kleindochter van de oudste zuster van mijn vader. Ze lijkt op haar grootmoeder, zegt ze. Ik zie het. Ze heeft de 'Bamberg-ogen'. Haar grootmoeder leek op mijn vader. Ik lijk ook op mijn vader. Ergens in Zuid-Afrika sta ik diepliggend oog in diepliggend oog met een jongere uitgave van mezelf.

Onze laatste week komt in zicht. We huren in Franschhoek bij Jenny en Marc, jonge Zuid-Afrikanen die net met de wijncultuur zijn begonnen, een authentiek miniatuurlandhuis, eenzaam gelegen aan de voet van een berg. Franschhoek ligt in een rustieke vallei die wordt omgeven door hoge, scherpe bergen. Het dorpje ontleent zijn naam aan de hugenoten die na de herroeping van het Edict van Nantes door koning Lodewijk de Veertiende, de godsdienstvervolging ontvluchtten. In het Huguenot Memorial Museum kunnen we ons een beeld vormen van het rauwe leven van die protestantse pioniers die zich in de zeventiende eeuw vestigden in dit oord dat toen natuurlijk niet zo paradijselijk was als nu.

Het hele dorpje ademt een Franse sfeer uit. De terrasjes langs de hoofdstraat – de Huguenot Road – de Franse straatnamen, de winkels met Franse souvenirs, zelfs de restaurants zijn allemaal Frans (Bijoux, Ballon Rouge, Bien Donné, La Petite Ferme), net als de gerechten op de menukaart.

In Franschhoek maken we bergwandelingen en helpen we met peren plukken. Overal, overal zien we volbeladen perenbomen. Het is dan ook niet verwonderlijk dat we in de restaurants iedere dag peren op het menu krijgen: peren in caramel, perensorbet, gestoofde peren met gember, peren in cider met cayennepeper, peren in wijnsaus en perentaart met kaneel en truffels, peren, citroen en amandelen in bladerdeeg. Maar het meest beroemd is Franschhoek om zijn wijnen. De beste wijnen komen uit deze streek en ook de wijnboerderijen, waar uitbundig geproefd mag worden, worden geroemd in de hele wereld. Eén ervan vereren wij met ons bezoek: Boschendal, gelegen op een schitterend driehonderd jaar oud landgoed. Als wij komen is het lunchtijd en er wordt ons een rieten mand aangeboden waarin onder andere hun boegbeeld prijkt, de verrukkelijke 'Blanc de Noir'. We mogen picknicken zoals vroeger de hugenoten deden. Met de mand zoeken we een plekje ergens onder de bomen van het landgoed en we wanen ons even drie eeuwen terug.

Stellenbosch – ook al zo beroemd om zijn wijnen – ligt zo'n dertig kilometer naar het westen en is op z'n minst net zo bekoorlijk als Franschhoek. Stellenbosch heeft een universiteit, de eerste Afrikaanstalige instelling voor hoger onderwijs in Zuid-Afrika. In 1679 werd de stad, de tweede nederzetting op de Kaap, door de Hollandse gouverneur Simon van der Stel gesticht. De prachtige historische binnenstad is bewaard gebleven. We bewonderen de huizen in Kaaps-Hollandse stijl in de beroemde Dorpsstraat, Kerkstraat en Drosdtdystraat. In het Victoriaanse bazaartje 'Oom Samie se Winkel' brengen we bijna een uur door; Lous bij de afdeling oud porselein en antieke poppen, Robert en Rob bij de stapels historische kranten en tijdschriften en ik bij het oude speelgoed en de kisten met tweedehands kinderboeken. Ik koop een dik geïllustreerd exemplaar waarin met kinderkrulhandschrift op het schutblad geschreven staat:

My gedagte het vlerke
Wat my vinnig wegdra
Na die plek van my drome
Waar ek kry wat ek vra

Hester Heese

In de buurt van Stellenbosch ligt het Drakenstein Lion Park dat het thuisland (lees: opvanghuis) is voor dertien leeuwen die zich in een levensbedreigende situatie bevonden. Zij waren het doelwit van pretjagers, of zij waren als welpje in particuliere huizen grootgebracht en op den duur daar niet meer te hanteren. Sommige leeuwen komen uit niet-bonafide dierentuinen waar slechte omstandigheden veroorzaakten dat de dieren langzaamaan ziek en depressief werden. Voor deze verlorenen is in Drakenstein een natuurlijk leefklimaat nagebouwd. Ze kunnen hier verblijven, nee, ze móeten hier verblijven, levenslang, want terugplaatsen in het wild (rehabiliteren) kan niet meer, daar zijn de dieren niet meer geschikt voor. Paul Hart, de bevlogen initiatiefnemer en manager van het project, leidt ons rond op zijn terrein en vertelt ons over de strijd om het voortbestaan die hij en zijn vrijwilligers dagelijks voeren. Geld voor medische hulp, voeding en instandhouding van het park moet komen van de kaartverkoop, de giften van sympathisanten en belangrijke sponsors. Paul Hart wijst naar een grote poster met een foto van een drie weken oude welp die zich bevindt in de dierentuin van Cameroon. WE ARE DESPERATELY TRYING TO BRING HER TO DRA-KENSTEIN, staat met vette letters onder de foto. 'De welp is ziek en wordt verstoten,' legt Paul uit. 'De dierentuin heeft geen mogelijkheden om het dier een kans te geven. Wij hier hebben die wel, alleen ontbreekt het ons aan het geld dat nodig is om de toekomst van het dier veilig te stellen. Met de posters hopen we aan nieuwe sponsors te komen.'

Het wordt tijd voor Kaapstad. We gaan eerst naar The Waterfront, het oudste deel van de havenwijk dat in 1990 werd getransformeerd tot een luxueus winkel-uitgaanscentrum in Victoriaanse stijl. Hier zou de gemiddelde toerist op z'n minst een dag kunnen doorbrengen, maar wij zijn te wispelturig, we willen na een uur 'weer wat anders'. We willen naar Robbeneiland en daar kunnen we komen met de veerboot die vertrekt vanaf Waterfront. Om te begrijpen waarom Robbeneiland een apartheidsgevangenis werd, is het belangrijk om wel iets van die apartheid af te weten. De veerboot zit vol met jonge toeristen en die weten van niks. Maar gelukkig worden ze begeleid door hun leraar die ze wegwijs maakt. 'Robbeneiland heeft een bewogen geschiedenis,' zegt hij. 'Jan van Riebeeck zette er rebellerende Khoikhoi-leiders gevangen; de Britten dumpten er later lepralijders, zwakzinnigen en paupers; in de Tweede Wereldoorlog was er een militaire basis gevestigd en in 1960 werd Robbeneiland de meest beruchte strafkolonie van Zuid-Afrika.

De apartheid begon in 1948 toen de Nationale Partij aan de macht kwam, die de blanke overheersing op lange termijn zeker moest stellen. Er werden dubieuze wetten van kracht. Zo kwam er een bevolkingsindeling op grond van huidskleur, waarbij duidelijk alleen de blanken rechten hadden (waaronder stemrecht). Blank en zwart werd uit elkaar gehouden, huwelijken en seksuele relaties tussen blank en zwart werden verboden en de "onafhankelijke thuislanden" werden uitgeroepen, gebieden waarin de zwarten moesten wonen maar die begrensd werden door industriegebieden, zodat de zwarten wel voor de blanken konden blijven werken.

De steun voor de voorhoede van de zwarte meerderheid, het ANC (het African National Congress) groeide. Er werd noodgedwongen gekozen voor gewelddadige oppositie en het kon niet uitblijven, de leiders van het ANC – waaronder Nelson Mandela – werden gearresteerd en voor levenslange opsluiting naar Robbeneiland gebracht.'

Dank u wel meneer de leraar, dat opfrissertje had ik ook even nodig. Intussen lopen we nu rond op Robbeneiland. We mogen de cellen bekijken. Ze zijn drie bij anderhalf en er hangen bordjes in met de namen van de gevangenen. Van Govan Mbeki (1964-1987), de vader van de huidige president, en natuurlijk van Nelson Mandela (1964-1982) die achttien jaar op Robbeneiland heeft gezeten. Tien jaar lang heeft hij zes dagen per week moeten werken in de steengroeve waar het zonlicht zo fel werd weerkaatst door het witte gesteente dat hij er blijvend oogletsel aan overhield. We worden rondgeleid door een voormalige gevangene die ons met nauwelijks verholen emotie vertelt over de treiterijen en martelingen die de gevangenen al die jaren hebben moeten doorstaan. 'En toch,' zegt de man, 'willen wij de geschiedenis van Robbeneiland niet alleen maar verbinden met de strijd tegen de blanke overheersing, we willen Robbeneiland zien als een monument voor de triomf, een monument voor de onverwoestbaarheid van de menselijke geestkracht.'

We laten ons naar Noordhoek sturen, volgens zeggen het rustigste en mooiste strand van de Kaap, en naar het schattige vissersdorpje Kommetje. Daarna doen we wat alle toeristen doen: we laten ons verwaaien op Kaap de Goede Hoop en gaan dan zo snel mogelijk naar het historische havenplaatsje Simonstad waar ons door de reisgids zwartvoetpinguïns beloofd zijn. Maar die zijn er niet als wij er komen en dus kronkelen we verder naar Vishoek met zijn grote, veilige strand en vervolgens naar het charmante plaatsje St. James dat bekendstaat om zijn in rood, geel en blauw geverfde houten strandhutten. En dan maar weer terug naar Kaapstad. Met de gondel naar de Tafelberg, dat blok horizontaal gelaagde zandsteen, want we kunnen natuurlijk niet thuiskomen met het verhaal dat we die niet gezien hebben. Helaas zit de Tafelberg in de mist zodat we het riante uitzicht op de stad op ons buik kunnen schrijven. Ons humeur moet nodig opgekrikt worden en wij denken dat te kunnen doen met een exquis diner in een typisch Zuid-Afrikaanse omgeving. Een diner als afscheid van dit land. We stappen binnen in The Africa Café en laten ons daar adviseren. Iets echt Zuid-Afrikaans? O, maar dan moeten we de *Bobotie* nemen. Dat is een traditionele, zoetzure gehaktschotel die wordt geserveerd met een grote hoeveelheid bijgerechtjes, zoals ook het geval is bij de Indische rijsttafel. Mijn Indische hart begint meteen te kloppen en het slaat zelfs op hol als ik de historie van de Bobotie te horen krijg. Onze snaak Jan van Riebeeck richtte op Kaap de Goede Hoop niet alleen maar ellende aan, maar ook iets óp, namelijk een *halfway house* waar de schepen op weg naar de Oost vers vlees, groenten en vruchten konden inladen. Vanuit de Oost namen de schepen dan weer gezellig wat

Javaanse kokslaven mee terug die gedumpt werden in dat half-way house en ook wat specerijen natuurlijk, en het schijnt dat de kokslaven toen die Bobotie in elkaar geflanst hebben. Enfin, de Bobotie wordt door mijn reisgezellen zeer gewaardeerd, terwijl ik – arme vegetariër – natuurlijk weer opgescheept zit met een gebakken eitje met daarbovenop een plakje banaan. Maar gelukkig is de wijn goed: Zuid-Afrikaanse Droë Rooi. En dus heffen we het glas en we klinken. Op Zuid-Afrika! Op alle mensen die van dit land houden; op alle mensen die hun energie en creativiteit aan dit prachtige land willen schenken.

# Nawoord

Op 30 december 2004 overleed Robert Collette.

Verbijstering. De oermens Robert, 63 jaar oud, nooit ziek geweest en dan ineens, bam! weg.

Robert was voetbalfotograaf. Hij was veertig jaar voor het blad *Voetbal International* aanwezig bij WK's en EK's in de hele wereld, van Argentinië tot Zweden. De voetbalwereld legde meteen een claim op hem. Mart Smeets herdacht hem in zijn televisieprogramma en Johan Derksen wijdde zijn wekelijkse column aan hem, want het is waar, de allergrootsten wist Robert in hun sprongen te vangen. Voor mij was Robert vooral de vriend; de bevlogen fotograaf die de liefde voor zijn vak uitstraalde; de man die ontroerd kon worden door een detail; de man die de essentie van de beweging begreep en dat had alles met kunst en weinig met voetbal te maken. Onze levens liepen door elkaar heen, maar schampten elkaar ook want ik houd niet van voetbal. Robert waarschijnlijk ook niet, want in zijn vrije tijd ging hij nooit naar een wedstrijd. Hij scharrelde liever in de natuur, zat in de schouwburg of las boeken. Of reisde, samen met zijn vrouw, mijn echtgenoot en mij. In opdracht van tijdschriften reisden wij over de wereld. Robert liep altijd voorop met zijn brede lijf, zijn altijd natte hemden en zijn camera in de aanslag. Ik bleef in zijn buurt met mijn aantekeningenboekje en wij wezen elkaar op wat zich voordeed. Met wie zou je zo vaak de wereld kunnen bereizen? Je moet elkaar erg goed kennen, discussies met elkaar aandurven – en die hadden we tot diep in de nacht. Over de politiek, over de nasleep van de apartheid, de antroposofie, de mystiek, de muziek, het laatste theaterstuk, de laatste film of de architectuur en de cultuur in Frankrijk, Italië of Andalusië. Robert had zich overal in verdiept en was bereid zijn mening te toetsen. En dat deed hij altijd correct. Hij hield direct op met praten als een ander begon en pakte dan de draad weer op bij het woord waarmee hij zijn betoog afbrak, wat meer indruk op mij maakte dan de verzameling Zilveren Camera's die hij met zijn voetbalfoto's had gewonnen.

Ondanks die correctheid had hij maling aan voorgeschreven regels. Hij verscheen ergens in een trui of een jack omdat hij zin had om gewoon Robert Collette te zijn. Maar op een dag kocht hij dan toch een kastanjebruin colbert, dat hem zó charmant stond, ik kon het niet laten om hem dat te zeggen. Maar met emoties moest ik nooit te dichtbij komen. Hij wriemelde de knopen van zijn jasje dicht met die veel te grote handen van hem om zich een houding te geven. Die veel te grote handen, waarvan ik nooit heb begrepen dat ze zulk precisiewerk konden verrichten.

Y.K.

# Verantwoording

Deze verhalen verschenen eerder in verkorte vorm in de tijd-schriften *Uit en Thuis* en *Great Britain* en de boeken *Aan tafel met Yvonne Keuls* en *Madame K.*

Emily Dickinson, 'Voor het maken van een weide', in: *Gedich-ten*. Vertaling Simon Vestdijk, Den Haag, Bert Bakker, 1969

Dylan Thomas, 'Ga niet gewillig binnen in die goede nacht', in: *Nooit zal het rijk der doden heersen over ons. And death shall have no dominion. Zestien gedichten*. Vertaling Saint-Rémy, 's-Gravenhage/Antwerpen, Nijgh & Van Ditmar, 1977

Rainer Maria Rilke, 'Herfstdag', in: *Wie nu alleen is: twintig liefdes-gedichten*. Gekozen en vertaald door Menno Wigman, Amsterdam, Bert Bakker, 1996

William Shakespeare, *De koopman van Venetië. Toneelspel in vijf bedrijven*. Vertaling Bert Voeten, Literaire pocketserie no. 26, Amsterdam, De Bezige Bij, 1959

# Werken van Yvonne Keuls

1960   *Foei toch, Frances* (toneel), Maestro, Amsterdam

1962   *Niemand de deur uit: klucht in 6 taferelen* (toneel), Maestro, Amsterdam

1965   *Kleine muizen* (toneel), Haagsche Comedie

1966   *Kleine muizen* (televisie), NCRV

1967   *Onbegonnen werk* (televisie), NCRV

1968   *Vertel me iets nieuws over de regenwormen* (televisie)

1968   *Thee voor belabberden* (toneel)

1968   *Kattenstad* (toneel)

1968   *Strategisch goed* (toneel)

1968   *De spullen van de Turkse staat* (toneel), Haagsche Comedie

1969   *De toestand bij ons thuis* (proza), Ad Donker, Rotterdam

1969   *De boeken der kleine zielen*, naar de gelijknamige roman van Louis Couperus (televisie), NCRV

1970   *Stippen* (toneel), Haagsche Comedie

1970   *Jam* (toneel), Haagsche Comedie

1973   *Thee voor belabberden* (toneel), De Toneelcentrale, Bussum

1975   *Groetjes van huis tot huis* (proza), Leopold, Den Haag

1975   *De koperen tuin*, naar de gelijknamige roman van Simon Vestdijk (NCRV-televisie)

1975   *Klaaglied om Agnes*, naar de gelijknamige roman van Marnix Gijsen (NCRV/BRT-televisie)

1976　*Van huis uit* (proza), Leopold

1977　*Jan Rap en z'n maat* (proza), Ambo, Baarn

1977　*Jan Rap en z'n maat* (toneel), De Theaterunie, Bussum

1979　*Keuls potje* (proza), Leopold

1980　*Keulsiefjes* (proza), Leopold

1980　*De moeder van David S., geboren 3 juli 1959* (proza), Ambo

1981　*Kleine muizen en Regenwormen: twee eenakters* (toneel), Ambo

1981　*Jan Rap en z'n maat* (Veronica-televisie)

1982　*Kleine muizen* (Veronica-televisie), (remake)

1982　*Vertel me iets nieuws over de regenwormen* (NCRV-televisie), (remake)

1982　*De moeder van David S.* (NCRV-televisie)

1982　*Het verrotte leven van Floortje Bloem* (proza), Ambo

1983　*Negenennegentig keer Yvonne Keuls* (proza), Leopold

1983　*Achtennegentig keer Yvonne Keuls* (proza), Leopold

1983　*Waar is mijn toddeltje* (proza, kinderboek), Leopold

1984　*De hangmat van Miepie Papoen* (proza, kinderboek), Leopold

1985　*Het welles nietes boek* (proza, kinderboek), Leopold

1985　*Annie Berber en het verdriet van een tedere crimineel* (proza), Ambo

1985　*Jan Rap en z'n maat* (toneel), in nieuwe bezetting

1986　*De arrogantie van de macht* (proza), Ambo

1986　*De moeder van David S.* (toneel)

1988　*Daniël Maandag* (proza), Ambo

1988　*Het verrotte leven van Floortje Bloem* (toneel)

1989　*Jan Rap en z'n maat* (film), Riverside Pictures

1990　*De tocht van het kind* (proza), Ambo

1990　*Dochterlief* (proza), Novella

1991　*Alwientje* (proza), Novella

1991　*Indische tantes* (proza + cassette), Novella

1992　*Meneer en mevrouw zijn gek* (proza), Ambo

1993　*Die kat van dat mens* (proza), Novella

1993　*Meneer Fris en andere mannen* (proza), Novella

1994　*Slepend huwelijksgeluk* (proza), Novella

1994   *De tocht van het kind & Daniël Maandag* (proza), Ambo

1995   *Voorzichtig, voorzichtig* (proza), Novella

1995   *Lowietjes smartegeld of: Het gebit van mijn moeder* (proza), Ambo

1997   *Keulsiefjes* (proza), Ambo

1999   *Mevrouw mijn moeder* (proza), Ambo, Amsterdam

1999   *Dochters* (proza), Ambo

1999   *Het verrotte leven van Floortje Bloem* (proza), Flamingo, Amsterdam

1999   *De moeder van David S.* (proza), Flamingo

1999   *Mevrouw mijn moeder* (proza), Flamingo

2000   *Jan Rap en z'n maat* (proza), Flamingo

2000   *Die kat van dat mens* (proza), Ambo

2000   *Slepend huwelijksgeluk* (proza), Ambo

2001   *Mevrouw mijn moeder & Indische tantes* (dubbel-cd), Ambo

2001   *Indische tantes* (proza), Ambo

2001   *Meneer en mevrouw zijn gek* (proza), Flamingo

2001   *Madame K. – Van Indisch kind tot Haagse dame* (proza), Ambo

2002   *Annie Berber en het verdriet van een tedere crimineel* (proza), Flamingo

2003   *Lowietjes smartegeld* (proza), Flamingo

2004   *Trassi Tantes* (proza), Ambo

2004   *Familiegedoe* (proza), Ambo

# Prijzen